RAPHAËL GLUCKSMANN

DIE POLITIK SIND WIR!

GEGEN DEN EGOISMUS, FÜR EINEN NEUEN GESELLSCHAFTSVERTRAG

Aus dem Französischen von Stephanie Singh   Carl Hanser Verlag

Es für L. sein

Titel der Originalausgabe:
Les enfants du vide. De l'impasse individualiste au réveil citoyen.
Paris, Allary Éditions 2018

1. Auflage 2019

ISBN 978-3-446-26400-7
© Allary Éditions 2018
Published by special arrangement with Allary Éditions in conjunction with their duly appointed agent 2 Seas Literary Agency
Alle Rechte der deutschen Ausgabe:
© 2019 Carl Hanser Verlag GmbH & Co. KG, München
Umschlag: Anzinger und Rasp, München
Satz im Verlag
Druck und Bindung: GGP Media GmbH, Pößneck
Printed in Germany

 MIX
Papier aus verantwor-
tungsvollen Quellen
FSC® C014496

Wo aber Gefahr ist, wächst das Rettende auch.
Hölderlin

INHALT

Matthäus' Hocker — 9

1. Akt
DAS GETRENNTE LEBEN — 17
Die Gesellschaft der Einsamkeit — 19
Der empathielose Mensch — 37
Der Archipel der Gettos — 51
Korruption — 67
Die Kinder von 1968 — 77

2. Akt
DAS POLITISCHE LEBEN — 89
Die demokratische Autorität — 91
Bürger werden — 103
Plädoyer für eine tragische Ökologie — 125
Für einen neuen Gesellschaftsvertrag — 151
Sind wir dazu fähig? — 183

Dank — 185
Anmerkungen — 187
Bibliografie — 189

MATTHÄUS' HOCKER

Donald Trump wohnt im Weißen Haus, die Europäische Union löst sich auf, Wladimir Putin ist der Pate schlechthin, und Matteo Salvinis Aufstieg hat gerade erst begonnen. Mauern werden zahlreicher, Brücken stürzen ein, Häfen verschließen sich den Heimatlosen und Zollkontrollen kommen wieder in Mode. Der Rückzug der freiheitlichen Demokratie, die als globales Projekt angetreten war, lässt sich allerorten mit bloßem Auge beobachten. Wir sind grandios gescheitert. Wir, die fortschrittlichen Intellektuellen, Vorkämpfer des Humanismus, Befürworter der offenen Gesellschaft, Verfechter der Menschenrechte und kosmopolitischen Bürger, sind unfähig, die Welle des Nationalismus und Autoritarismus aufzuhalten, die derzeit über unsere Gesellschaften hereinbricht.

Wie alte Pfarrer, denen die Abkehr der Gläubigen erst recht als Bestätigung ihrer kritischen Weltsicht erscheint, predigen wir weiterhin vom Irrweg der Massen, ohne auch nur in Erwägung zu ziehen, wir selbst könnten an einem bestimmten Punkt in die Irre gegangen sein. Wir schimpfen, wir twittern, wir posten, wir demonstrieren. Wir zweifeln schnell an anderen, sind aber selbstgewiss. Obwohl sich ein Debakel an das andere reiht, wollen wir nicht hinterfragen, welche Fehler dazu geführt haben, dass wir heute nicht mehr gehört werden.

Derartiger Hochmut wirkt in ruhigen Zeiten bloß lächerlich. Im Auge des Sturms jedoch kommt er einem Suizid gleich. Um die künftigen politischen und kulturellen Schlachten zu gewinnen, müssen wir zuallererst begreifen, warum wir die zurückliegenden verloren haben. Um die Demagogen zu bekämpfen, die derzeit Aufwind haben, müssen wir die Gründe ihres Erfolgs in der Leere suchen, die uns umgibt und oft auch innewohnt. Um aus der Asche wiedergeboren zu werden, müssen wir erst sterben.

―

Beginnen wir die Reise ins Herz der gegenwärtigen Krise unserer Demokratien in der Kirche. Nicht etwa, um den Himmel um Hilfe anzuflehen, sondern um ein Gemälde Caravaggios zu bewundern. Es befindet sich in der Kirche San Luigi dei Francesi in Rom und heißt *Matthäus und der Engel*.

Auf den ersten Blick ist es unter den Gemälden des rebellischen Malers das harmloseste. Es zeigt keine als Madonna verkleidete Hure, keinen lasziven Jüngling, keinen abgehackten Kopf. Nicht einmal die schmutzigen Füße der vor der *Madonna di Loreto* niederknienden Pilger, die die Bischöfe damals arg schockierten. Matthäus sieht aus, als sei er gerade dem Bad entstiegen. Er trägt eine schöne, orangerote Toga. Ein unauffälliger Strahlenkranz weist ihn als würdigen antiken Philosophen aus. Mit einem Knie auf einen hölzernen Hocker gestützt schreibt er das Evangelium auf. Diktiert wird es ihm von einem Engel, der – für Caravaggio eine Ausnahme – seine Rolle als asexueller Abgesandter Gottes perfekt erfüllt. Stofffalten und Blickachsen bilden ein harmonisches Zusammenspiel, ohne einander zu kreuzen. Alles ist an seinem Platz. Alles hängt mit allem zusammen. Alles strebt nach oben.

Wer die Szene jedoch aufmerksam betrachtet, sieht, dass hinter der scheinbaren Ruhe etwas Beunruhigendes lauert. Fünf oder zehn Minuten lang fragt der Betrachter sich, woher angesichts dieser Anmut das ungute Gefühl kommt. Dann merkt er, dass der Hocker, auf den Matthäus sein Knie stützt, mit einem Bein im Leeren steht und jeden Moment umzukippen droht. Je länger man ihn betrachtet, umso mehr sieht man ihn sich bewegen. Man merkt, dass der alte Heilige jeden Moment auf den Betrachter stürzen und dabei alles mitreißen könnte – den Engel und den Himmel. Und Gott. Dieser wacklige Hocker auf dem scheinbar so friedlichen Bild kehrt den Sinn des gesamten Werks um: Die Harmonie war nur eine Illusion. Alles in der Schöpfung erweist sich als fragil und brüchig – selbst die heiligste Szene.

Der Hocker, der die kosmische Ordnung sprengt, ist Caravaggios Signatur. Er ist auch das perfekte Symbol für die liberale Demokratie als ein politisches System, das, wie Matthäus' Knie, auf wackliger Grundlage ruht. Bereits der Begriff selbst legt den strukturellen Widerspruch offen: »Demokratie« bezeichnet die Herrschaft des Kollektivs über das Individuum, den Primat des Gemeinwesens. Das Adjektiv »liberal« aber steht in der entgegengesetzten philosophischen Tradition, indem es dem Individuum den Primat gegenüber dem Kollektiv zuspricht. Demokratie impliziert eine zentripetale Bewegung, eine sich stets wiederholende Suche nach Einheit. »Liberal« verweist auf die gegenteilige, zentrifugale Bewegung, die ständige Bekräftigung der Vielheit. Die Dynamik der freiheitlichen Demokratien entsteht aus dieser explosiven Begegnung des demokratischen und des liberalen Denkens.

Und gerade in ihrer hybriden Natur liegt die Kraft der liberalen Demokratie. Das permanente Oszillieren zwischen den beiden Polen ermöglicht unseren Gesellschaften, frei zu sein und sich weiterzuentwickeln. Sie leben im Rhythmus des Hin und Her zwischen zwei Extrempunkten: der kollektivistischen Utopie auf der einen und der maximalen gesellschaftlichen Individualisierung auf der anderen Seite. Fällt dieses Hin und Her weg, stürzt Matthäus' Hocker um und mit ihm die liberale Demokratie. Wenn der Widerspruch, der unsere Systeme antreibt, nicht mehr dynamisch ist, wenn also einer der Pole zu stark wird und nicht mehr ausgeglichen werden kann, ist entweder die Demokratie nicht mehr liberal oder der Liberalismus nicht mehr demokratisch – es kommt zur Krise. Genau das geschieht heute: Der Individualismus hat die Überhand gewonnen. Das Ungleichgewicht ist so groß, der Kollektivismus so schwach, dass der Ausgleich nicht mehr funktioniert. Matthäus' Hocker kippt. Und es gelingt uns nicht, ihn wieder aufzurichten.

—

Die folgenden Seiten mögen von einer gewissen Radikalität gekennzeichnet sein. Dennoch sind sie vor allem von der Weigerung geleitet, der Versuchung der Dogmatik in irgendeiner Weise nachzugeben. (Diese Versuchung lässt sich so definieren: Meine Ideen gelten überall, für alle und ein für alle Mal.) Stattdessen also erheben meine Gedanken nicht den Anspruch, ewige Wahrheit zu sein, sondern versuchen, auf die spezifischen Probleme unserer Zeit zu antworten. Politische Theorien sind nicht in jeder Epoche und an jedem Ort gleichbedeutend: Liberal sein war 1970 in Moskau oder Peking heldenhaft, bedeutet aber 2018 in Paris oder San Francisco etwas völlig anderes.

Ein Dogmatiker ignoriert die Fakten. Im Sinne seiner eigenen Logik strebt er stets nach vorn und jedes Hindernis erscheint ihm als paradoxe Bestätigung der eigenen Prinzipien. Im Ge-

gensatz dazu setzt die Stabilisierung von Matthäus' Hocker die Suche nach dem von Aristoteles so geschätzten goldenen Mittelweg voraus. Wenn die Umstände es erfordern, kann dieses – von schwammigem Zentrismus weit entfernte – Mittelmaß durchaus radikal werden. Es fordert von uns Ideen, Haltungen und Projekte angesichts der Probleme *unserer* Zeit und *unserer* Umgebung. Es verlangt, dass wir stets die beiden folgenden Fragen im Kopf haben: In welche Richtung und wie weit neigt sich der Hocker (die Diagnose)? In welche Richtung und wie weit muss man gegenhalten, damit der Hocker nicht umkippt (das Heilmittel)?

Mit den Antworten auf diese beiden Fragen habe ich lange gezögert. Das Folgende ist für mich in keiner Weise spontan oder von vornherein klar. Ich musste verlernen, was ich zu wissen glaubte, und musste aushalten, dass die Fakten meine Gewissheiten durcheinanderbrachten. Meine intellektuelle Ausbildung kann als »liberal« bezeichnet werden. Kant war mir leichter zugänglich als Hegel. Ich betrachte nicht Marx, sondern Montaigne als meinen absoluten Bezugspunkt. Voltaire habe ich mit größerer Begeisterung gelesen als Rousseau. Der philosophische Liberalismus, den ich studiert und so geliebt habe, war ein Nachdenken über Grenzen, ein Versuch, die politischen, religiösen, ökonomischen, öffentlichen und privaten Sphären, Macht und Wissen voneinander zu trennen. Er war der Kontrapunkt zur *Hybris* – zur Entgrenzung – der Könige und Propheten.

Doch was geschieht heute im Namen dieses Liberalismus?

Das Gegenteil. Das exakte Gegenteil.

Wir können zusehen, wie die Grenzen verwischen und die *Hybris* triumphiert. Wir sehen, wie multinationale Konzerne die Gesetze der Nationen zurückweisen und ihnen eigene Gesetze aufzwingen. Wir sehen, wie die mit öffentlichen Geldern geretteten Banken ihre Konten und Fonds in Steuerparadiesen verstecken. Wir sehen, dass der Wettbewerb nicht mehr funktioniert, weil niemand dessen Regeln durchsetzt. Wir sehen, wie Wirtschaftsgrößen Wahlen gewinnen mit Slogans wie: »Ich habe Erfolg im Leben – lassen Sie mich nun Ihr Leben regeln.« Man hat Berlusconi zum Auslaufmodell erklärt, obwohl er ein Prototyp war und Politiker nach seinem Muster heute in der gesamten westlichen Welt metastasieren – von Trump in den USA bis zu Babiš in der Tschechischen Republik. Wir erleben, wie die großen Tech-Konzerne (GAFAs) über die Städte der Zukunft nachdenken und neue öffentliche Räume erfinden, deren besondere Eigenschaft darin bestehen soll, dass sie privat sind. Im Namen des Wohlergehens aller – vor allem jener, die über die nötigen Mittel verfügen – bewegen wir uns auf etwas zu, das sehr weit von Locke oder Kant, Montesquieu oder Hume entfernt ist, nämlich auf die Illusion eines Lebens ohne Politik. Ohne Staat.

Francis Fukuyama irrte sich, als er nach dem Fall der Berliner Mauer das »Ende der Geschichte« ausrief. Nicht die Geschichte endete, sondern die liberalen Demokratien, die aus ihr hervorgingen. Und ihre Verfechter mit ihnen. Während der Regierungsbildung in Italien 2018 forderten deutsche Abgeordnete und französische Kommentatoren die Ratingagenturen ganz offen auf, das Land zu regieren – anstelle des Volks, das eben gewählt hatte. Werden wir in Zukunft ständig zwischen der Demokratieverweigerung der liberalen Eliten und dem antifreiheitlichen Programm der Populisten wählen müssen? Werden wir – unfähig, uns zwischen diesen beiden Übeln zu entscheiden – enden wie Buridans Esel, der sich nicht entscheiden konnte, ob er zuerst essen oder trinken sollte, und schließlich verhungerte und verdurstete? Oder wird uns ein anderer Weg einfallen?

Die Krise unserer Staaten wirkt nicht, als sei sie nur eine Episode. Um sie zu überwinden, ist ein radikaler Bruch mit den bislang gängigen Analysen und Praktiken nötig. Wir erinnern uns, dass Franklin Delano Roosevelts New Deal die Entstehung des Faschismus in den USA der 1930er-Jahre verhinderte, obwohl diese Ideologie sich zeitgleich in Europa ausbreitete. In seinen *Abhandlungen über die ersten zehn Bücher des Titus Livius*, die den nachstehenden Überlegungen als roter Faden dienen sollen, warnte Machiavelli: Manchmal sei die Gesellschaft derart korrumpiert, dass die gemeinsame Sache, die *res publica*, sich auflöse. Nun müsse eine politische »Hand« das Gleichgewicht wieder herstellen. Woher könnte diese »Hand« kommen, die Matthäus' Hocker aufrichten und unsere Demokratien heilen könnte?

Darauf sucht dieses Buch eine Antwort.

Sie zu finden ist auch die Aufgabe unserer Generation.

1. AKT
DAS GETRENNTE LEBEN

DIE GESELLSCHAFT DER EINSAMKEIT

Lorraine, März 2017. Ein ehemaliger Arbeiter in der Eisenverhüttung nimmt mich nach einer Konferenz zur Seite: »Ich habe zwei Söhne, die ich nicht mehr verstehe. Sie arbeiten, sind verheiratet, haben Kinder. Jeder von ihnen hat ein schönes Auto, ein Haus und ein Smartphone. Sie haben genug zu essen und zu trinken. Sie leben natürlich nicht auf großem Fuß, aber sie sind reicher, als ich es war. Und dennoch wählen sie Le Pen. Sie glauben, heute sei alles schlechter als gestern und morgen werde alles noch schlimmer. Sie haben Angst vor der Welt, vor den Arabern, vor Europa. ... Wie ist das zu erklären?«

Statt einer Antwort hatte ich nur Fragen für Luc. Wir sprachen über das Ende der Eisenverhüttung, über zurückliegende Kämpfe: »Mein Vater war bei der Französischen Sektion der Arbeiterinternationale; ich bin als Sozialist geboren und werde als Sozialist sterben, um *das Leben zu ändern*, wie man früher sagte.« Wir sprachen auch über bevorstehende Kämpfe: »Es gibt so viel zu tun, so viele Möglichkeiten, und dennoch geschieht nichts. Jeder motzt nur in seiner Ecke vor sich hin.« Ich fragte ihn, ob die Unsicherheit um ihn herum zugenommen habe: »Ich weiß nicht. Ich will kein dummes Zeug reden, aber so verwirrend ist es ja hier nicht.« Er erwähnte den Terrorismus und fügte hinzu: »Meine Söhne haben schon vor dem Anschlag auf *Charlie Hebdo* den Front National gewählt.«

Nach einer halben Stunde kam er zu dem Schluss: »Wir waren arm, aber wir hatten die Gewerkschaft, die Fabrik und die Partei. Für die Gläubigen gab es auch die Kirche. Vor allem die Gewerkschaft war eine große Familie. Man sah sich in der Pause, nach der Arbeit und am Wochenende, man unterstützte sich bei Problemen, man trank zusammen, man stritt ... Eben wie in einer Großfamilie! Meine beiden Söhne haben ein Smartphone, ein Haus, ein Auto, aber keine Gewerkschaft. Sie bleiben unter sich und haben Angst, bestohlen zu werden. Ja, sie haben mehr Geld, aber sie sind einsamer. Viel einsamer, als ich es in ihrem Alter war.«

Dieses Gespräch ist der Ursprung des vorliegenden Buchs. Lucs Kinder verschreiben sich nicht mehr den alten Strukturen politischer Gemeinschaft. Sie glauben nicht mehr an die Ideologien, die noch gestern einen hoffnungsvollen Blick in die Zukunft ermöglicht und dem Leben in der Gemeinschaft Sinn verliehen haben. Sie sind Kinder der Leere, wie ich und wie alle, die zur gleichen Zeit in der gleichen Gesellschaft geboren wurden. Um uns herum und in uns gleicht es einer riesigen Sinnwüste. Wir haben keine konkreten Fixpunkte und leben in der Angst, auch das zu verlieren, was wir noch haben. Und das, was wir sind. Unsere materiellen Güter wie auch unsere Identität, dieses essenzielle »Gut«, das jenseits aller Politik als Tatsache gedacht wird, als jahrhundertealtes Vermächtnis, dessen kleinste Veränderung wie ein Verrat erscheint. Weil wir isoliert sind, betrachten wir das Äußere, das Andere und die Veränderung als Bedrohungen.

Nichts ist menschlicher als diese Angst. Einsamkeit macht uns unsicher und verletzlich. Stellen wir uns einen Waldspaziergang vor: Ob man einzeln oder in der Gruppe unterwegs ist, entscheidet darüber, ob man sich ängstlich oder sorglos fortbewegt, ob man beim kleinsten Geräusch zusammenzuckt oder die Geräusche gar nicht bemerkt. Unsere Sensibilität für Gefahr ist gekoppelt an die Einsamkeit und an das Fehlen des Polarsterns, der uns leitet. Nur wenige einsame Wanderer profitieren von ihrer Isolation. Sie gehen voraus, sie sind die berühmten »Seilersten«, die Anführer. Die meisten von uns bewegen sich jedoch im Alarmzustand fort und rufen, nachdem sie eine Weile im Kreis gelaufen sind, nach eben diesem Anführer, der sie aus dem Wald bringen kann. Nach einem Cäsar.

So verhält es sich auch mit unserer Beziehung zur Welt. Eine Gesellschaft der Einsamkeit ist eine beängstigende Gesellschaft. Alle Statistiken zeigen, dass es in Frankreich heute weniger Gewaltverbrechen gibt als vor 30, 40 oder 50 Jahren. Dennoch haben wir das Gefühl, es werde in unserem Land immer gefährlicher. Es vergeht kein Tag, an dem man nicht den Satz hört: »Früher hätte man das nicht geduldet.« In Wahrheit wurde gesellschaftliche Gewalt »früher« weitaus häufiger »geduldet«. Objektiv betrachtet war das Risiko größer, es wurde subjektiv aber als geringer empfunden. Wir sind Gefangene unserer Privatsphäre und zugleich online extrem gut vernetzt – und so erleben wir die Morde, Vergewaltigungen und Einbrüche, von denen wir aus den Nachrichten oder den sozialen Medien erfahren, als fänden sie direkt bei uns statt.

Je weniger Kontakt wir mit anderen haben, umso mehr ängstigen sie uns. Und wir begegnen ihnen immer seltener. Die großen Fabriken schließen. Aktive junge Menschen entscheiden sich – gezwungenermaßen oder aus freien Stücken – für die Selbstständigkeit. Unsere Familien werden immer kleiner; unsere Alten schieben wir in Altersheime ab. Wir verlassen unsere Häuser oder Wohnungen so selten wie möglich und bestellen sogar unsere Einkäufe und Mahlzeiten im Internet. Haben wir doch einmal Verpflichtungen außer Haus, nehmen wir das

Auto. Der Geograf Michel Lussault spricht in *L'Avènement du monde* [Die Entstehung der Welt] von einem »Prozess der räumlichen Verkapselung«.[1] Die Individualisierung gesellschaftlicher Praktiken überträgt sich auf alle Bereiche unseres Lebens, bis hinein in scheinbar anekdotische Details wie den Niedergang der Ferienkolonien, die im Frankreich der 1980er-Jahre noch zwei Millionen Kinder pro Jahr aufnahmen – im Vergleich zu weniger als 800 000 in der heutigen Zeit. Wir behalten unsere Kinder lieber bei uns, im Kreis der Familie, und ermöglichen ihnen keine Begegnungen mit anderen, bei denen sie Gemeinschaft erleben könnten.

Wir engagieren uns nicht mehr in Gewerkschaften und Parteien. Doch Demokratie benötigt starke, vermittelnde Körperschaften, die Individuen in Gemeinschaften einbetten und ein kollektives Bewusstsein hervorbringen. Je schwächer diese Körperschaften sind, umso größer wird das Risiko autoritärer Strukturen. Lucs Söhne sind also keine Ausnahmen. In seinem aufrüttelnden Essay *Der Zerfall der Demokratie* schreibt der deutsch-amerikanische Politikwissenschaftler Yascha Mounk, dass »die allermeisten älteren Menschen sich der Demokratie zutiefst verbunden fühlen. Sollen sie auf einer Skala von eins bis zehn einordnen, wie wichtig es ihnen ist, in einer Demokratie zu leben, vergeben zwei Drittel der in den 1930er- und 1940er-Jahren geborenen Amerikaner die höchste Punktzahl. Unter den sogenannten Millennials ... hält es nicht einmal jeder Dritte für unerlässlich ....«[2]

Das Individuum, das auf eigenen Wunsch oder qua Notwendigkeit langsam auf das Stadium eines Atoms reduziert wird, errichtet immer höhere Mauern um die eigene Einsamkeit. So wachsen sowohl die Isolation als auch das Schutzbedürfnis. Die Mauern führen zu weiteren Mauern und bald schon zu

Wachtürmen. Alexis de Tocqueville sah in der gesellschaftlichen Vereinzelung den Nährboden des Despotismus. Aus der disparaten Vielheit ertönt der Ruf nach dem Tyrannen. In der Zerstreuung keimt das Bedürfnis nach Verschmelzung und Unterwerfung. Im Westen sind wir jetzt an diesem Punkt angekommen: Unsere Einsamkeitsgesellschaften rufen ein derart starkes Gefühl der Unsicherheit hervor, dass die Institutionen und Prinzipien der liberalen Demokratie uns wie Hindernisse erscheinen, die beseitigt werden müssen, damit wir endlich beschützt werden können.

Ein leitender Angestellter und ein Arbeiter gehörten früher ein und derselben Gewerkschaft, Partei oder Kirche an. Ihre gesellschaftliche oder physische Distanz wurde durch diese politische, ideologische oder religiöse Nähe kompensiert – oder durch die gemeinsame Erfahrung des Wehrdiensts. Das ist heute nicht mehr der Fall. Wir sind alle allein, aber in unserer Isolation gleichen wir einander nicht. Das Teilen der Einsamkeit erzeugt keinerlei Logik der Identifikation, da nichts ungleicher ist als unsere Beziehung zur Einsamkeit. Wenn wir alle jene tür- und fensterlosen Monaden (Atome) sind, die Leibniz in seiner *Monadologie* beschreibt, dann erleben wir die Individualisierung der Existenz nicht auf die gleiche Weise.

Lebt man, wie ich, im 11. Pariser Arrondissement und verfügt über das finanzielle und kulturelle Kapital, um nach New York, Mailand oder Berlin zu reisen und sich hier wie dort zu Hause zu fühlen, dann ist die Einsamkeit eine Form der Freiheit. Dass man keiner Partei, Kirche oder Gewerkschaft mehr angehört, kann in diesem Fall als »Emanzipation« aufgefasst werden. Lebt man aber in einer mittelgroßen Stadt in der Lorraine, in der eine öffentliche Einrichtung nach der anderen geschlossen wird und die von Paris unendlich weit entfernt scheint, wird diese Art der »Freiheit« zur Knechtschaft und die angebliche »Emanzipation« zur Entfremdung. Je nach gesellschaftlichem, kulturellem und geografischem Standpunkt bedeuten die Schlüsselwörter unserer Epoche nicht das Gleiche.

Auf der Terrasse des McDonald's Dury Drive habe ich einmal mit Menschen meines Alters diskutiert, die überzeugt waren, nicht im selben Land zu leben wie ich. Dabei kam ich nicht um die Frage herum, ob unser Konglomerat aus »Ichs« zusammen ein Volk bildet – jenseits der sportlichen Erfolge, etwa der Fußball-Weltmeisterschaft 2018, und jenseits nationaler Tragödien, etwa den Anschlägen des Jahres 2015. Leibniz musste sich auf eine göttliche Instanz berufen, um seine Monaden zusammenzuhalten und *eine* Welt aus der Vielheit hervorzubringen. Eine solche Hypothese kann allerdings nicht mehr Axiom heutiger Überlegungen sein, auch nicht in Form der »unsichtbaren Hand der Märkte«. Der 15. Juli 2018 (der WM-Sieg der französischen Fußball-Nationalmannschaft) und der 11. Januar 2015 (die frankreichweiten Demonstrationen im Anschluss an die islamistischen Terroranschläge im Januar) waren vergängliche Augenblicke des Zusammenwachsens. Am nächsten Tag schon waren wir wieder allein und voller Misstrauen gegenüber unseren Nächsten. Wie konnte es dazu kommen? Warum gelten für Lucs Kinder nicht mehr die kollektiven Perspektiven, die noch das Leben ihres Vaters geprägt haben?

ES WAR EINMAL DIE REVOLUTION

Die Geschichte wird nicht von Göttern geschrieben. Sie kennt auch keine unfehlbaren, immanenten Gesetze. Der gesellschaftliche Zerfall ist zum großen Teil die Folge wissenschaftlicher Entdeckungen, technischer Innovationen und wirtschaftlicher Veränderungen, auf die wir wenig Einfluss haben und die wir nicht mehr zu verstehen versuchen, weil sie uns so komplex erscheinen. Diese abstrakten Prozesse begegnen uns unter dem Begriff »Globalisierung« oder »Fortschritt«. Sie formen das, was Machiavelli *fortuna* nannte: das, was nicht von uns abhängt; jene externen Faktoren, die das Leben im Staat beeinflussen und dessen Autonomie untergraben. Der politische Körper ist dem Gesetz des Zufalls unterworfen und verliert die Kontrolle über sich selbst, seine Fähigkeit, Ursachen zu analysieren und seine Entscheidungsmacht. Unser Schicksal wird damit entweder zufällig oder zu einem den Menschen von den antiken Göttern auferlegten *fatum*. Letztlich ist beides dasselbe.

Doch die Gesellschaft der Einsamkeit, in der wir heute leben, ist auch das Ergebnis einer Reihe soziokultureller Kämpfe und klar identifizierbarer politischer Entscheidungen. Die gegenwärtige Wüste ist das Ergebnis des Zusammentreffens erlittener Entwicklungen und gewollter Veränderungen. Ideologische Kämpfe stehen genauso an ihrem Ursprung wie technische oder wirtschaftliche Veränderungen. Intellektuelle wie Milton Friedman oder Friedrich August von Hayek haben ein Menschen- und Weltbild geprägt, das von den gewählten Regierungen in die Praxis umgesetzt wurde. In Wirklichkeit gibt es in öffentlichen Angelegenheiten kein *fatum*. Margaret Thatchers berühmtes Diktum, es gebe keine Alternative, verlieh ihrem Programm der Deregulierung den Anschein der Unausweichlichkeit, obwohl es sich dabei um eine performative Aussage und nicht um eine wissenschaftliche Feststellung handelte. Andere Wege waren und sind möglich. Man kann sie für gefährlich und Friedmans oder Hayeks Ideen für außergewöhnlich halten, aber das ändert nichts an der Tatsache, dass wir uns in einer Entscheidungslogik befinden: Zu einem bestimmten Zeitpunkt wurde von Männern und Frauen eine Entscheidung getroffen. Eine revolutionäre Entscheidung.

Die eiserne Lady scheute sich nicht, auf die globale, fast metaphysische Ausrichtung ihrer Reformen hinzuweisen. 1981 erklärte sie in der *Sunday Times*: »Die Politik der letzten 30 Jahre war stets und vollständig auf ein kollektivistisches Gesellschaftsmodell hin orientiert. Das irritiert mich in höchstem Maße. Am Ende haben die Menschen vergessen, dass einzig die Individuen zählen. Das Mittel, um diese Weltsicht zu ändern, ist die Wirtschaft. ... Die Wirtschaft ist die Methode; das Ziel ist die Veränderung der Herzen und Seelen.«

Die liberalen Theoretiker warfen der Linken traditionell vor, normatives Denken zu produzieren und vom idealen statt vom realen Menschen auszugehen. Dabei hat der Neoliberalismus genau das getan. Ausgehend von einem rein intellektuellen Konstrukt wurde ein neuer Mensch entworfen, grundsätzlich »frei« im Sinne der Ungebundenheit, des Abgeschnittenseins von Allem. Das Sein-Sollen brachte das Sein hervor. Wie in jeder Revolution.*

Wenn Margaret Thatcher die Wirtschaft zur »Methode« er-

---

* Das unterscheidet den klassischen Liberalismus vom zeitgenössischen Neoliberalismus: Ersterer ist eine Doktrin, die jeder Form des Regierens von Menschen Grenzen setzt. Der zweite ist eine Ideologie, der es sozusagen um die Neuformung von Individuen geht, bis in deren intimste Bereiche hinein.

klärt, ist »Methode« dezidiert im allgemeinphilosophischen Sinn zu verstehen. Die Wirtschaft bildet den Ausgangs- und Zielpunkt der angestrebten politischen und gesellschaftlichen Veränderung. Sie wird hier nicht als einfache Wissenschaft begriffen, sondern als die Wissenschaft vom Menschen schlechthin, die alle anderen Disziplinen beherrscht und umfasst – als eine Art Metaphysik. Damit ist sie heute genau das, was die Liberalen des 17. und 18. Jahrhunderts ablehnten. Es mag für unsere Ohren seltsam klingen, aber der individualistische Big Bang der 1980er-Jahre, der Siegeszug des allmächtigen Geldes und die Zersplitterung der Gesellschaft entspringen einer Art Idealismus. Am Beginn stand der Wille, ein wirklich freies Individuum zu erschaffen, einen Kontrapunkt zur kollektivistischen Schreckensherrschaft der Nazis und Kommunisten, gegen die sich die Lehren Friedmans und Hayeks richteten.

Die Wirtschaftswissenschaft hat diesem neuen Menschen einen Namen gegeben, mit dem sie zugleich sich selbst als universellen Horizont einsetzte: *homo oeconomicus*. Der Begriff reduziert das Individuum allein auf die Suche nach der Maximierung seiner persönlichen Interessen. Von einer einfachen mikroökonomischen Hypothese zur Entschlüsselung der Funktionsweise des Marktes geriet er zum Prinzip einer generellen Umwandlung der Welt. Wie in jeder wirksamen, praktischen Ideologie ist der Grundgedanke einfach: Weil der Mensch *von Natur aus* egoistisch und egozentrisch sei, müsse der Staat jene Organisationsform annehmen, die dieser *Natur* am ehesten entspreche. Logischerweise bietet diese Organisationsform den geringsten öffentlichen Raum, weil dieser für den Menschen Verpflichtungen bedeute und ihn seiner selbst enthebe, ihn *denaturiere*. Den größten Raum bietet sie dem Markt, der sie bereichere und ihr ermögliche, ihre wahre *Natur* auszuleben. Anders gesagt: Man müsse die Gesellschaft konstruieren, die der egoistischen *Natur* des Menschen entspricht: eine individualistische Gesellschaft.*

Die menschliche Natur, auf die hier rekurriert wird, ist ein Idealtypus – ein philosophisches Märchen, nicht mehr und nicht weniger realistisch als die Geschichte von Adam und Eva. Die Darstellung des Menschen als von Natur aus altruistisch, egoistisch, kollektivistisch oder individualistisch sagt mehr über den, der sich so äußert, und über dessen Absichten aus, als über eine tatsächliche *Natur* des Menschen, die als bloße Behauptung nicht verifizierbar ist und stets ein Kindermärchen bleibt. Der Ausgangspunkt hängt vom Zielpunkt ab; im Anfang drückt sich das angestrebte Ende aus. Ein kohärentes, scheinbar fehlerloses ideologisches System muss man stets von diesem Ende her analysieren und die Schlussfolgerung betrachten, um die Einführung zu verstehen.

So machten es alle Philosophen, deren Staatstheorien auf der *menschlichen Natur* fußten. Mit der Annahme, der Mensch sei »des Menschen Wolf«, rechtfertigte Hobbes die Errichtung eines starken Staates, der das Königreich Britannien vor den Bürgerkriegen schützen sollte, die es damals erschütterten. Ausgangspunkt seiner Überlegungen war dabei nicht der erste

---

* Diese Kolonisierung der Gesamtheit gesellschaftlicher Fragestellungen durch die Prinzipien der Mikroökonomie wurde symbolisch 1992 vollzogen, als Gary Becker, ein Schüler Milton Friedmans, den Nobelpreis für Wirtschaftswissenschaften erhielt. Er bekam den Preis, weil er das Feld der mikroökonomischen Analyse auf eine Vielzahl menschlicher Verhaltensweisen und Interaktionen ausgeweitet hat, darunter auch nicht marktbezogene Verhaltensweisen, so das Komitee. Paarbeziehungen, Kriminalität oder politische Entscheidungen – alles kann seither als Funktion der Suche des Individuums nach Gewinnmaximierung interpretiert werden.

Mensch, sondern das Bedürfnis, dem zeitgenössischen Chaos Herr zu werden. Rousseau dagegen stellte sich einen Menschen vor, der *von Natur aus* nach Gemeinschaft und Teilen strebe, durch ungerechte gesellschaftliche Strukturen jedoch *denaturiert* worden sei. Er wählte diesen Ausgangspunkt, um am Ende zu seinem *Gesellschaftsvertrag* zu gelangen. Sein Denken gründete nicht in einer anthropologischen Untersuchung der ersten menschlichen Gemeinschaften und ihrer Beziehung zum Kollektiveigentum, sondern in dem Willen, die von ihm beklagten Ungleichheiten zu korrigieren und das politische Kollektiv wieder zum Herzen des Staates zu machen.

Nichts anderes geschah in der *Erklärung der Menschen- und Bürgerrechte* im Zuge der Französischen Revolution: »Alle Menschen werden frei und gleich an Rechten geboren und bleiben es.« Von diesem Ausgangsprinzip wurden alle weiteren Artikel der Erklärung abgeleitet. Es handelt sich dabei nicht um eine wissenschaftliche Feststellung, sondern um eine performative Aussage. Tatsächlich werden nicht alle Menschen frei und gleich geboren. Doch der Verfassungsgebenden Versammlung zufolge bestand die menschliche *Natur* darin, frei und gleich geboren zu werden. Kam es durch Despotismus oder ungleiche Lebensbedingungen zu Abweichungen von diesem Prinzip, musste man diese Faktoren ausmerzen. Die Revolution machte es sich also zur Aufgabe, die Menschen zu ihrer wahren *Natur* zurückzuführen. Die Prämissen der *Erklärung* von 1789 sind in logischer Hinsicht genauso schwach wie die der Bibel oder des Korans – was sie als politisches Ideal keineswegs disqualifiziert. Ebenso wenig werden Hobbes' und Rousseaus Theorien dadurch entwertet, dass die ihnen zugrunde liegenden Annahmen frei erfunden sind. Sie müssen einfach nur als das betrachtet werden, was sie sind: Produkte von Ideologien.

Wenn wir das politische Führungspersonal sagen hören, es gebe »keine andere Wahl«, sollten wir das so verstehen: »keine andere Wahl innerhalb des international seit 30 Jahren vorherrschenden Neoliberalismus«. Wenn die Politiker sich hinter der unwiderlegbaren Logik ihrer ökonomischen Überlegungen verstecken und stolz behaupten: »Das ist genauso klar wie die Tatsache, dass zwei plus zwei gleich vier ist!«, sollten wir uns an das unvollendete Theorem Kurt Gödels erinnern. 1931 erschütterte der junge Mathematiker seine Zunft mit dem Hinweis, die Aussage »zwei plus zwei gleich vier« sei keineswegs absolut, sondern nur innerhalb eines ganz bestimmten logischen Systems zweifellos gültig. Jedes logische System sei entweder unvollständig oder widersprüchlich. Ein logisches System könne also nicht gleichzeitig den Prinzipien logischer Deduktion folgen und seine eigenen Axiome beweisen.

Alle menschlichen Produkte, selbst das rationalste Gedankenkonstrukt, sind zutiefst instabil und stehen mit einem Bein im Nichts – wie Matthäus' Hocker. Was auf die Mathematik zutrifft, gilt umso mehr für die Geisteswissenschaften und die Wirtschaft.

Übrigens betonte Milton Friedman durchaus die ideologische Dimension der Ökonomie, die seine weniger ehrlichen und weniger reflektierten Nachfolger in den Talkshows zu verbergen suchten. 1953 veröffentlichte Friedman den grundlegenden Text *The Methodology of Positive Economics* [Die Methodologie der positiven Ökonomie], eine Art neoliberale Version von Descartes' *Über die Methode*. Darin kritisierte er die Vertreter des klassischen Empirismus und verlangte von seiner Wissenschaft, ihre deskriptive Rolle zugunsten einer prädiktiven, also politischen Funktion aufzugeben. Friedman zufolge hat jede intellektuelle Theorie ein zuallererst praktisches Ziel. Ob die Ausgangshypothesen »wahr« sind, sei dabei nicht so wichtig wie die Wirksamkeit der Schlussfolgerungen. Im herrschenden ökonomischen System sei diese oder jene Entscheidung logisch zwingend notwendig. Doch die Grundlage dieses Systems selbst, der *homo oeconomicus*, sei eine Fiktion, die man akzeptieren oder ablehnen könne.

Die menschliche Natur ist eine Kriegswaffe, ein »Schlachtfeld«, wie laut Kant die Metaphysik. In diesem »Kampf der Blinden in einem dunklen Raum« muss niemand den Thesen der anderen Glauben schenken. Da es keine unwiderlegbaren Prämissen gibt, lässt sich jedes logische System ausgehend von seinen konkreten Resultaten kritisieren. Die Linke scheiterte in den vergangenen Jahrzehnten – selbst nach der Finanzkrise des Jahres 2008 – sowohl daran, die theoretische Grundlage des Neoliberalismus zurückzuweisen, als auch daran, den Neoliberalismus ausgehend von seinen konkreten negativen Folgen her ins Wanken zu bringen. Sie hat den intellektuellen Kampf an beiden Fronten aufgegeben. Überall in der westlichen Welt hat sich der *homo oeconomicus* als Grundlage und Ziel allen politischen Denkens durchgesetzt – selbst im von der republikanischen Ideologie so stark durchdrungenen Frankreich, wo der Bürger, *citoyen*, traditionell über allem stand.

Die Umwandlung vollzog sich in Etappen. Zuerst wurde der Markt als solcher akzeptiert, was angesichts des grandiosen Scheiterns der Planwirtschaften allzu verständlich war. Das war der Übergang vom Sozialismus zur Sozialdemokratie, also zu einem hybriden politischen System, in dem eine auf Gleichheit orientierte Sozialpolitik mit einem Markt koexistierte, der aufgrund seiner Struktur Ungleichheiten hervorbrachte. Darauf folgte die Unterwerfung der Politik und der Todesstoß für die gerade erst entstandene Sozialdemokratie: ihre Weigerung, zur steuerlichen Umverteilung zurückzukehren, und die Ausweitung sozialer Rechte auf die Ungleichheiten, die durch den Kapitalismus entstanden waren. Auch der Diskurs der Linken hatte sich nun an den *homo oeconomicus* zu richten. Das hieß, dass alle Kämpfe im Feindesland ausgetragen werden mussten – als spiele ein Fußballverein nur noch auswärts und akzeptiere den Trainer der gegnerischen Mannschaft als Schiedsrichter. Die Linke hatte nun die Wahl, entweder jeden Kampf zu verlieren oder die eigenen Überzeugungen zu verleugnen, in der Hoffnung, wenigstens manchmal zu gewinnen. Der Unterschied zwischen diesen beiden Möglichkeiten – zu verlieren oder sich selbst zu verlieren – war so gering und die Macht so attraktiv, dass die Anführer der westlichen linken Parteien logischerweise beschlossen, alles zu tun, um zu siegen. So wurden sie selbst zu Liberalen.

Gewiss, Frankreich brauchte etwas länger, um auf diesen Zug aufzuspringen, doch nun hat es – endlich!, so hört man häufig – den Fahrschein eingelöst. 2007 veröffentlichte Denis Kessler, ehemaliger Vize der größten französischen Arbeitgebervereinigung (Medef), in *Challenges* den unmissverständlich betitelten Beitrag: »Adieu 1945, unser Land schließt zum Rest der Welt auf.« Das von ihm skizzierte Programm war eindeutig: »Die Liste der Reformen ist einfach. Nehmen Sie alles weg, was zwischen 1945 und 1952 beschlossen wurde. Ausnahmslos. Das ist die Reform. Heute geht es darum, 1945 hinter uns zu lassen und das Programm des Nationalen Widerstandsrats aufzulösen.« Kesslers Vorhaben schien damals radikal, gar skandalös. Dennoch lassen wir uns heute genau davon leiten. Kaum zehn Jahre später verkündete ein gewisser Emmanuel Macron, junger Hoffnungsträger und Wirtschaftsminister einer sozialistischen Regierung: »Der Konsens von 1945 ist unzeitgemäß.«

»Unser Land schließt zum Rest der Welt auf«, »unzeitgemäß«: Es war ein wiederkehrendes Argument. Die Vereinigten Staaten und England hatten den Weg frei gemacht und Deutschland war ihnen auf dem Fuß gefolgt. Mit Verspätung und auf seine ganz eigene Art setzte Frankreich sich nun in Bewegung.

Eine gegenteilige Entwicklung wäre überraschend gewesen. Laut dem italienischen Philosophen Antonio Gramsci hängt der Erfolg politischer Optionen zu einem bestimmten historischen Zeitpunkt sehr stark von der jeweiligen metapolitischen oder kulturellen Atmosphäre ab, innerhalb derer diese Optionen miteinander konkurrieren. Bislang hat der Individualismus noch jeden Kulturkampf gewonnen. Einst wurde unsere Vorstellungswelt von kollektiven Epen geformt, doch sie hat sich mit beeindruckender Geschwindigkeit individualisiert. Um dies zu erkennen, muss man nur zwei kommerziell erfolgreiche Filme miteinander vergleichen, die mit 40-jährigem Abstand voneinander sehr ähnliche Geschichten behandeln: Stanley Kubricks *Spartacus* und Ridley Scotts *Gladiator*. Beide inszenieren einen Aufstand von Sklaven gegen das Römische Reich. Während die Revolte in *Spartacus* kollektiv ist, wird sie in *Gladiator* zu einer individuellen, wenn nicht sogar intimen Angelegenheit. Kubrick erzählt vom Aufstand einer unterdrückten Gruppe gegen eine ungerechte Gesellschaftsordnung. Scott inszeniert den Aufstand eines Helden, der schlecht behandelt wurde, gegen einen perversen Herrscher und macht deren Begegnung in der Arena des Kolosseums zur Apotheose. Alles läuft auf diese Eins-zu-eins-Situation hinaus. Selbst ein gesellschaftlicher Aufstand. Genau wie die neoklassische Ökonomie die Mikroökonomie entwickelte, um alles auf individuelle Entscheidungen hin zu perspektivieren, reduzierte das Kino Anfang des 21. Jahrhunderts den Kampf der Gladiatoren auf Gefühle und Rachegelüste, Zaudern und Entscheidungskraft, Mut und Feigheit.

Spartacus wurde einst durch Maximus ersetzt; Sartre unlängst durch einen Coach für Persönlichkeitsentwicklung. Die Entfaltung des Individuums ist zum Horizont der öffentlichen Debatte geworden. In *Happycratie: Comment l'industrie du bonheur a pris le contrôle de nos vies* [Happykratie: Wie die Glücksindustrie unser Leben kontrolliert] stellen der Psychologe Edgar Cabanas und die Soziologin Eva Illouz fest, seit der neoliberalen Revolution der 1980er-Jahre habe die Psychologie die politische Philosophie abgelöst. Alles werde auf Intimität zurückgeführt. So würden »die strukturellen Defizite, Widersprüche und Paradoxien unserer Gesellschaften unter dem Blickwinkel von Psychologie und individueller Verantwortung [betrachtet]. Beispielsweise wurde die Arbeit immer mehr zu einer Frage von persönlichen Projekten, Kreativität und Unternehmergeist. Bildung wurde zur Frage individueller Fähigkeiten und Talente; Gesundheit zu einem Konglomerat aus Gewohnheiten und Lebensweisen. Liebe besteht heute aus interpersonellen Affinitäten und Kompatibilitäten; Identität ist eine Frage der getroffenen Entscheidungen und der Persönlichkeit. Sozialer Fortschritt besteht in individuellem Wohlstand, und so weiter.«[3] Wir sind heute Individuen. Nichts anderes. Und nicht mehr als das.

Mit der *theoretischen* Behauptung vom *homo oeconomicus* und dem Sieg im Kampf der Ideologien hat der Neoliberalismus eben diesen *homo oeconomicus* konkret hervorgebracht. Er hat, getreu dem Wunsch Thatchers, »Herz und Seele« verändert – mit hervorragenden Ergebnissen. 1966 hielten 44 Prozent der Erstsemester an der University of California in Los Angeles es für »essenziell«, viel Geld zu verdienen. Persönliche Ambitionen und die Sorge um die Gemeinschaft befanden sich im Gleichgewicht. 2013 waren es 82 Prozent. Der *homo oeconomicus* ist der Held unserer Zeit und das Kind einer erfolgreichen Revolution. Bravo! Dennoch müssen wir uns eine Frage stellen, die manche für nebensächlich halten mögen: Ist die Vorherrschaft des *homo oeconomicus* in allen Bereichen des gesellschaftlichen Lebens mit Demokratie und Republik vereinbar?

DER EMPATHIE-LOSE MENSCH

Eine kalte Winternacht in der Ukraine im Jahr 2008, zwischen zwei Revolutionen. Ich komme gerade mit meinem Freund Andrej aus einer Diskothek. Andrej ist tagsüber Aktivist und nachts DJ. Ein schwarzer Mercedes rast Kiews Prachtstraße, den Chreschtschatyk, entlang und überfährt eine alte Dame. Das Auto hält kurz und fährt dann davon, ohne dass auch nur eine Tür geöffnet wurde. Wir eilen zu dem am Boden liegenden Körper. Zehn Minuten lang ist unter der Notrufnummer niemand zu erreichen. Ein Krankenwagen fährt mit ausgeschalteter Sirene in der Gegenrichtung vorbei. Wir halten ihn an. Als wir den Fahrer und seinen Begleiter bitten, die alte Dame mitzunehmen, antworten sie, dies sei nicht ihr Einsatzgebiet und wir sollten weiter versuchen, die Notrufzentrale zu erreichen. Wir geben ihnen 100 Dollar, woraufhin sie wundersamerweise ihre Meinung ändern und die alte Dame in ihre Obhut nehmen. Als die Ambulanz davonfährt, sage ich zu Andrej:

»Das ist also die postsowjetische Realität!«

»Ja.«

»Was für eine schreckliche Gesellschaft!«

»Ja, widerlich.«

»Hoffentlich ändert sich das bald!«

»Wie du weißt, arbeiten wir daran. Aber das heißt nicht, dass es sich in die Richtung ändern wird, die du dir erhoffst.«

»Was meinst du?«

»Ist unser Chaos nicht bloß eine weniger scheinheilige Version eurer westlichen Welt?«

»Dein Bild von unserer Gesellschaft basiert auf 100 Jahren marxistischer Propaganda! Bei uns hätte der Mercedes wahrscheinlich angehalten und der Krankenwagen hätte sich auf jeden Fall um die alte Dame gekümmert. Wir haben den öffentlichen Dienst! Eines Tages werdet ihr den auch haben!«

»Hoffentlich ... Übrigens habe ich mich schlecht ausgedrückt. Ich wollte dich etwas anderes fragen: Warum glaubst du, wir würden uns zwingend in Richtung eurer ausgeglichenen Gesellschaft mit einem starken öffentlichen Dienst und viel Bürgersinn entwickeln? Warum sollte nicht das Gegenteil eintreten? Wer sagt, dass unser Chaos nicht auf euch übergreifen wird, dass eure gesellschaftlichen Rechte sich nicht im Niedergang befinden und ihr nicht ebenso individualistisch und zynisch werdet wie der postsowjetische Mensch? Die Geschichte wird nicht im Vorhinein geschrieben. Du bist der wahre Marxist, wenn du ihr einen Sinn zuschreibst ... Glaub mir: Alles, was konstruiert wurde, kann auch dekonstruiert werden. Gibt es die Korruption, die bei uns so verbreitet ist, bei euch wirklich nicht? Kann nicht auch in Frankreich oder in den Vereinigten Staaten der fehlende Bürgersinn auftreten, den du hier an jeder Ecke monierst? Und der Kult ums Geld – glaubst du, der stammt von hier? Nein. Wir haben nur keine Antikörper, die verhindern könnten, dass sich diese Krankheit in der gesamten Gesellschaft ausbreitet und alles verschlingt. Das Sowjetregime hat unser Immunsystem zerstört, und jetzt sind wir die perfekte Beute für einen Virus, der nicht einmal bei uns entstanden ist. Ihr habt mehr Antikörper, so viel ist klar. Aber wer sagt dir, dass sie stark genug sind? Welches politische Ideal ist heute in der westlichen Welt stark genug, um der Religion des Geldes zu widerstehen? Vielleicht sind wir kein Überbleibsel der Vergangenheit, sondern ein Zukunftslabor ... Manchmal betrachte ich uns als Versuchskaninchen. Das wäre tragisch und nähme mir die Lust am Leben. Aber wer sagt, dass die Zukunft so aussieht wie das sozialdemokratische Dänemark und nicht wie die oligarchisch regierte Ukraine? Oder, noch schlimmer, Putins Russland? Welche Garantie hast du, dass sich die Dinge in deinem Sinn entwickeln werden und nicht so, wie ich es befürchte?«

Keine. Nicht die geringste.

Ich erinnere mich an diese eisige Nacht des Jahres 2008, als sei es gestern gewesen. Wie alle Angehörigen der westlichen Eliten war ich damals überzeugt, die postkommunistische Welt werde sich mit Müh und Not, wohl nicht ohne Kriege und Revolutionen, zur liberalen Demokratie und zum Rechtsstaat hin entwickeln. Die Ukraine, das Land der mit Milliarden jonglierenden Oligarchen und obdachlosen Rentner, werde sich schon »zivilisieren«. Wie ihre Nachbarländer. So war die Ordnung der Dinge. So stand es geschrieben.

Mehr als zehn Jahre später sind wir zu der Feststellung gezwungen, dass nichts je irgendwo festgeschrieben ist und dass das soziale Gleichgewicht sich nicht nur keineswegs selbst exportiert, sondern auch bei uns Zerfallserscheinungen zeigt. Die westlichen Nachkriegsgesellschaften hatten einen *homo democraticus* geschaffen, der an seinen Erfolgen gemessen und im Fall von Schwierigkeiten vom Kollektiv unterstützt wurde. Inzwischen hat er einem Individuum Platz gemacht, das in jedem Dollar eine Bestätigung des eigenen Genies sieht und in der Not des Mitbürgers den Beweis für dessen Faulenzerei. Es ist ein von der Sorge um den anderen und um das Gemeinwohl befreites Individuum. War Andrejs rückwärtsgewandter Albtraum nicht viel realistischer als unser fortschrittlicher Traum?

Wenn ich an der Porte de la Chapelle in Paris spazieren gehe, sehe ich Menschen, die mitten im Winter auf den Gehwegen schlafen und mir erzählen, die Polizei habe ihnen ihre Decken abgenommen. Als ich im Oktober 2015 zum ersten Mal das berüchtigte Flüchtlingslager in Calais betrat und sah, wie man Menschen in Frankreich behandelt, und als ich zwei Jahre später mit Freiwilligen sprach, denen der französische Staat untersagt hatte, Brot und Wasser unter den Flüchtlingen zu verteilen, fragte ich mich, ob Andrej nicht recht hatte.

Wenn ich im Pariser Umland und in den schicken Gegenden der Hauptstadt sehe, welche Maßnahmen gegen die Obdachlosen ergriffen werden – von Glasscherben, die an Rückzugsorten verteilt werden, bis zu kalten Duschen, die automatisch ausgelöst werden und die Menschen vertreiben sollen –, dann frage ich mich, ob Andrej nicht recht hatte.

Wenn ich Berichte von Mitarbeitern der Altersheime lese und erfahre, was unsere Alten dort erleiden müssen, oder wenn ich höre, was junge Frauen in der U-Bahn ertragen müssen – während die Umstehenden verschämt zu Boden blicken in der Hoffnung, das Opfer werde nicht zu laut schreien –, dann frage ich mich, ob Andrej nicht recht hatte.

Der Mensch ist *von Natur aus* weder so selbstlos wie Sankt Martin noch so egoistisch wie der Fahrer des schwarzen Mercedes in Kiew. *Von Natur aus* ist er gar nichts. Spinoza betont in seiner *Abhandlung über Politik*, wie sehr unsere Stärken und Schwächen von den Institutionen und der kulturellen Atmosphäre unserer Staaten beeinflusst werden. Unsere altruistische oder individualistische Haltung ist artifiziell, genau wie der Rest. Sie ist ein Konstrukt. Die Erfinder des *homo oeconomicus* verweisen die Empathie – die Fähigkeit eines jeden von uns, sich in den anderen hineinzuversetzen – in theoretischer wie praktischer Hinsicht auf die hinteren Ränge. Oder ließen sie gleich ganz außer Acht.

Als Hurrikan Katrina 2005 über New Orleans hinwegfegte, wurden Hunderttausende Amerikaner plötzlich obdachlos. In der Stadt herrschte Chaos. Milton Friedman schrieb damals im Wall Street Journal: »Sicher, das ist eine Tragödie. Aber es ist auch eine Gelegenheit für eine radikale Reform des Bildungssystems.« Entscheidend an dieser Aussage sind das »sicher« als oberflächliches Zugeständnis an die Moral sowie das »auch«, das unverdächtig scheint, in Wahrheit aber offenlegt, worum es wirklich geht. Katrina wird zu einer »Gelegenheit«, die ein Nachdenken über das öffentliche Schulsystem ermöglicht – selbstverständlich mit dem Ziel der Privatisierung. Der Abgeordnete Richard Baker, der damals für die Republikaner im Repräsentantenhaus saß, äußerte sich mit ähnlichem, wenngleich noch ekelhafterem Tenor: »Endlich sind die Sozialwohnungen von New Orleans gereinigt. Gott ist gelungen, woran wir gescheitert sind.« Mit der Wendung »Gott ist gelungen« wird die Naturkatastrophe zur Apokalypse und der Hurrikan ermöglicht, bei null anzufangen. Letztlich war er also ein echtes Gottesgeschenk.

Die Journalistin und Aktivistin Naomi Klein analysiert diese »Schockstrategie« des gegenwärtigen Neoliberalismus wie folgt: Jede größere Explosion, ob natürlichen oder politischen Ursprungs, sei eine Gelegenheit, *tabula rasa* zu machen und sich ein für alle Mal der historisch tradierten Strukturen zu entledigen. Das gilt etwa für das öffentliche Bildungssystem oder die Sozialwohnungen in New Orleans. Friedmans und Bakers Reaktionen auf Hurrikan Katrina erinnern an die Höhenflüge der Revolutionäre des 20. Jahrhunderts. Zu Beginn des Spanischen Bürgerkrieges erklärte der Anarchist Buenaventura Durruti angesichts der brennenden Stadt Saragossa: »Wir haben keine Angst vor Ruinen, denn wir tragen eine neue Welt im Herzen.« Trotzki kündigte an, er werde sogar die Sonne löschen, sollte sie nur auf die Bourgeoisie scheinen. Auch Friedman und Baker wollten eine Revolution. An Empathie dachten sie dabei nicht – höchstens als ein zu überwindendes Hindernis.

Den anderen sobald wie möglich auslöschen, ihn zu Boden werfen, schlagen und besiegen. »Den anderen auslöschen«, weil er ein realer oder potenzieller Konkurrent ist. Sich in ihn hineinzuversetzen hieße, sich angreifbar zu machen. Und man darf sich nie angreifbar machen, denn die Gesellschaft ist ein Dschungel, in dem jedes Tier danach strebt, andere Tiere zu fressen. Dies ist die Lebensmaxime aus Donald Trumps *The Art of the Deal* (1987). Das postempathische Individuum, von dem Andrej sprach, hat sich im Westen nicht nur weiterentwickelt, sondern es befindet sich gegenwärtig auf dem Zenit. Der ukrainische Oligarch ist keineswegs ein Relikt aus der Vergangenheit, sondern stellt seinen Reichtum zur Schau, feiert seine Macht, rühmt sich seiner unkonventionellen Art und steht 2016 an der Spitze der sogenannten »freien Welt«.

Naomi Klein zufolge ist Donald Trump eine »menschliche Marke«, ein Individuum, dessen gesamtes Leben eine Markenstrategie ist. Sein Geschäftsmodell besteht einzig und allein darin, seinen Namen zu verkaufen. Er selbst erschafft nichts und finanziert nichts, sondern verleiht seinen Namen an Projekte, die von anderen erdacht, durchgeführt und finanziert werden. Das Gesetz dieser Marke ist eben jene antiempathische Norm, die Entgrenzung, die *Hybris*. Das Etikett »Trump« steht für ein gänzlich von seinem eigenen Machtwillen getriebenes Wesen, das völlig frei ist von der Sorge um andere oder um das Gemeinwohl – eine Art *hyper homo oeconomicus*. Ein Mann, der sich damit brüstet, »Frauen an die Muschi zu fassen«. Ein Mann, der im Steuerbetrug den Beweis der eigenen Intelligenz sieht. Vor allem aber ein Mann, der all dies öffentlich sagt und für sich in Anspruch nimmt.

Einen großen Schritt in Richtung Präsidentschaft machte er, indem er in der erfolgreichen Realityshow *The Apprentice* immer wieder mit möglichst viel Verachtung und Selbstzufriedenheit in der Stimme »You're fired!« (Sie sind gefeuert!) rief. Die Rolle des sadistischen Chefs, für die er sich nicht großartig verstellen musste, machte ihn beliebter als je zuvor. *The Apprentice* lieferte allen, die noch nie in Russland oder der Ukraine waren, ein perfektes Abbild der Gesellschaft, in der Andrej lebt und gegen die er kämpft. Sie war das Laboratorium einer Welt ohne Empathie, die Orwells *allgemeinen Anstand (common decency)* auf den Müllhaufen der Geschichte warf und vor laufenden Kameras freudig zur Jagd blies. *Loser* werden stigmatisiert – wer verliert, ist selbst schuld und muss dafür büßen. *Winner* werden gefeiert, denn ihr Sieg zeigt, dass sie etwas wert sind. Trump war der Gott, der die einen von den anderen unterscheidet, die (zahlreichen) Verlierer heruntermacht und die (wenigen) Gewinner kürt.

Die Marke »Trump« gründet auf einem einfachen Versprechen, das für Politik und Wirtschaft gleichermaßen gilt: Wer eine Trump-Krawatte kauft oder sich an der Wahlurne für Trump entscheidet, zählt zu den Gewinnern. Dass der Trumpismus gerade jene verführt, die sich in unserer Gesellschaft der Einsamkeit zu den Verlierern zählen, ist nur scheinbar ein Paradox. Erstens, weil Trump ihnen die Immigranten und die Eliten als Sündenböcke präsentiert. Zweitens, weil er verspricht, jene, die den Verlierern »ihre angestammten Plätze gestohlen« hätten und denen man »immer alles« gebe, gehörig zurechtzustutzen. Und drittens, weil sich der Kult um die Autorität in der postempathischen Gesellschaft zuerst bei den »Verlierern« entwickelt: Sie erhoffen sich von dieser Autorität Schutz und die Wiederherstellung ihres Status und Stolzes.

Trump wurde gewählt, obwohl er selbst die wenigen öffentlichen Sektoren angreift, von denen die Menschen noch profitieren, und obwohl er den Sieg des Geldes verkörpert, der uns vernichtet. Er wurde gewählt gerade wegen – nicht trotz – seiner Arroganz, seiner Heftigkeit, seiner Vermessenheit. Dass er sich alles erlauben kann, ohne seine Wählerschaft zu vergrätzen, sollte uns nicht wundern. Das Sich-alles-erlauben-Können ist nachgerade sein Markenkern. Leider nur geringfügig übertrieben ist seine bekannte Behauptung: »Ich könnte mich auf die Fifth Avenue stellen und jemanden erschießen und würde keinen einzigen Wähler verlieren.«

Ich kann förmlich hören, was mir meine Landsleute stolz entgegnen: Donald Trump sei nur eine Ausnahme und Frankreich Lichtjahre vom amerikanischen System entfernt. Das ist richtig. Noch. Und wenn wir ehrlich sind, auch nur zum Teil. Sind wir immun gegen das Virus aus *The Apprentice*? Gibt es bei uns keine Tendenz – in Worten oder Taten – zur kultischen Verehrung des Selbst, deren vulgäre Quintessenz der Trumpismus ist? Wenn unser junger Präsident mit gespaltener (oder gelöster, je nach Standpunkt) Zunge spricht und inmitten von Startup-Unternehmern (die momentan zweifellos zu den Gewinnern gehören) sagt: »Ein Bahnhof ist ein Ort, wo man die Leute trifft, die Menschen zusammenbringen, und die Leute, die nichts *sind*« [Hervorhebung vom Autor] – ist diese sprachliche Entgleisung nicht ein trumpistischer Impuls? Man füge die berüchtigte Äußerung hinzu, die Macron einem Gewerkschaftsaktivisten gegenüber machte: »Einen Anzug kann man sich am ehesten leisten, wenn man arbeitet.« Und man denke an seine Ausfälle bezüglich »Nichtsnutzen« und »Analphabeten«. Ist hier nicht das Abgleiten in einen Diskurs des Gewinners zu beobachten, der weder über die gegenwärtige Lage noch über das Wesen seines Nächsten reflektiert?

In unserer schönen Republik verspricht jeder Präsident traditionell, allen Obdachlosen ein Dach über dem Kopf zu verschaffen. Keiner tut es dann wirklich, aber wir hören es gern, weil es uns ein wohliges Gefühl verschafft. Emmanuel Macron folgte dieser Tradition im Sommer 2017, als er schwor, dass bis Jahresende niemand mehr auf der Straße schlafen würde. Er ließ seinen Worten genauso wenig Taten folgen wie seine Vorgänger. Statt sich aber zu entschuldigen oder entsprechenden Fragen auszuweichen, ließ er seine Getreuen auf allen Kanälen verkünden, genau genommen gebe es auf unseren Straßen überhaupt keine Obdachlosen mehr. Binnen einer Woche erklärte der Abgeordnete Sylvain Maillard, die Obdachlosen wollten kein Obdach, der ehemalige Minister Gérard Collomb behauptete, auf sich allein gestellte Jugendliche lehnten Wohnungsangebote ab, und der Staatssekretär Julien Denormandie verbreitete, in Paris schliefen nur noch ungefähr 50 Personen auf der Straße. Die Elenden entscheiden demnach selbst über ihr Elend oder sind verschwunden – dann sind sie »nichts«.

Die neoliberale Haltung, jeder sei für seinen Reichtum oder seine Armut selbst verantwortlich, drückt sich in Frankreich und auch in Deutschland weniger heftig aus als in den Vereinigten Staaten. Deshalb ist der Sinn von Sozialausgaben oder die Funktion der Steuern auch immer schwerer zu verstehen. In seinem *Traité d'économie hérétique* [Abhandlung über die ketzerische Ökonomie] fragt Thomas Porcher: »Warum zahlen wir Steuern, wenn wir für alles selbst verantwortlich sind?«[4] Wenn der, der will, auch kann, und der, der nicht kann, gar nicht will – wozu dient dann die sozialdemokratische Rahmenkonstruktion, die nach der Weltwirtschaftskrise 1929 und dem Zweiten Weltkrieg errichtet wurde?

Der Kult um den Gewinner, der seinen Erfolg nur sich selbst verdankt, lässt wenig Platz für Empathie gegenüber Abhängigen oder Machtlosen. Wenn das, was uns geschieht, nur von uns selbst abhängt, ist es nicht nötig, sich in einen anderen hineinzuversetzen, der sich entschieden hat, zu scheitern – schließlich haben wir doch selbst alles getan, um erfolgreich zu sein. Diese Überlegung scheint logisch, ist aber absurd. Wir bestehen nicht nur aus unserem Willen, sondern wir entwickeln uns in einer Umgebung, sind Erben einer bestimmten Situation, haben einen bestimmten Platz, gehören einem bestimmten Milieu an. Der Milliardär Warren Buffett bemerkte hellsichtig: »Die Gesellschaft ist zu einem bedeutenden Teil für meine Gewinne verantwortlich. Setzen Sie mich mitten in Bangladesch, in Peru oder anderswo aus. Dort wird sich zeigen, was mein Talent wirklich ausrichten kann, wenn es schlechte Startbedingungen hat! Ich wäre noch nach 30 Jahren damit beschäftigt, mich aus diesen Bedingungen herauszukämpfen …«[5] Individueller Erfolg hängt vom kollektiven Rahmen ab, innerhalb dessen sich das Individuum entwickelt. Das ist eine Tatsache. Wir laufen mehr und mehr Gefahr, sie zu vergessen.

Die Krise der Empathie ist allumfassend; sie ist nicht einfach ein amerikanisches oder angelsächsisches Problem. Davon zeugt in Frankreich etwa die Debatte um das berüchtigte »Solidaritätsdelikt«. Martine Landry, eine unbescholtene Großmutter aus der Nähe von Nizza, setzt sich für Amnesty International ein. Die weltbekannte NGO ist jeder subversiven Aktivität unverdächtig. Eines Tages brachte Landry zwei junge Migranten in ihrem Auto zur Grenzpolizei, damit ihr Fall dort gemäß den geltenden Gesetzen bearbeitet werden konnte. Seither wird gegen Landry prozessiert. Ihr drohen bis zu fünf Jahre Gefängnis, weil sie nicht aufenthaltsberechtigten Personen zu illegalem Aufenthalt verholfen habe. In einem offenen Brief an die französische Jugend, der im *Nouveau Magazine Littéraire* erschien, fragt sie: »Das Gericht wird entscheiden müssen: Bin ich schuldig oder nicht schuldig, die beiden Minderjährigen vom französischen Grenzschild bis zur Station der Grenzpolizei gefahren zu haben, damit der Sozialdienst sich dort um sie kümmern konnte?« Sie fordert uns auf, »eine Gesellschaft abzulehnen, die auf der Verweigerung von Empathie und Brüderlichkeit gegründet« ist. Sie bringt ihren Fall mit der allgemeinen Stimmungslage in Verbindung und erwähnt insbesondere den Landwirt Cédric Herrou, der Flüchtlingen hilft und dafür regelmäßig vor Gericht steht. Das Gesetz kennt offiziell kein »Solidaritätsdelikt«. Es richtet sich zu Recht gegen die Schlepper, die aus dem menschlichen Elend ein Geschäft machen, und stellt jede Form »finanzieller Gegenleistung« zur Unterstützung von Hilfsorganisationen für Migranten unter Strafe. Wenn das Gesetz aber Cédric Herrou wegen »aktivistischer Gegenleistung« verurteilt, schafft es dann nicht eben dieses Vergehen?

In dieser Frage gab der Conseil constitutionnel, der französische Verfassungsrat, den Anwälten des solidarischen Landwirts recht und verwies auf das republikanische Prinzip der »Brüderlichkeit«. Das ist erfreulich, und doch müssen wir uns fragen: Wenn heute amerikanische Gerichte Donald Trumps Anordnungen über die Einreise von Muslimen in die Vereinigten Staaten zurückweisen oder der französische Verfassungsrat über die Aufnahme von Migranten entscheidet, verteidigen Institutionen, die nicht gewählt wurden, die Prinzipien von

Solidarität und Empathie. Diese werden also weder durch Regierungen noch durch Parlamente oder eine Welle öffentlicher Empörung geschützt. Wie lange werden sich diese Institutionen dem Zeitgeist entgegenstellen können? Viel steht auf dem Spiel, denn Empathie ist keine moralische Frage, sondern die Möglichkeitsbedingung unserer freien und demokratischen Gesellschaft.

Eines Nachts schlich sich Priamos, der alte König von Troja, heimlich ins Lager der griechischen Armee, die gerade seine Stadt belagerte. Er warf sich vor Achill, dem größten griechischen Helden, zu Boden und flehte ihn an, ihm den Leichnam seines geliebten Sohnes Hector zu übergeben, den Achill kurz zuvor im Duell besiegt hatte. Achill hatte gute Gründe, Priamos zu töten oder gefangen zu nehmen. Das Kriegsrecht und die Anordnungen Agamemnons zwangen ihn eigentlich dazu, Priamos auszuliefern. Doch er betrachtete den knienden Mann und erkannte sich in ihm wieder – ungeachtet des Blutvergießens, das beide zu Feinden machte. Er stellte sich vor, in Priamos' Alter und in der gleichen Situation zu sein. Er half dem König auf, übergab ihm Hectors Leichnam und ließ ihn ziehen.

In dieser wunderbaren Szene aus der *Ilias* verkörpert Achill die Empathie. Homer machte sie zur Grundlage der griechischen Zivilisation. Übersetzt bedeutet sie jene »Brüderlichkeit«, von der auf Inschriften an französischen Regierungsgebäuden die Rede ist und die zusammen mit Freiheit und Gleichheit zugleich den Horizont und das Prinzip unserer Republik ausmacht. Ohne die Fähigkeit, den anderen als Alter Ego zu begreifen, kann es keine stabile Demokratie geben. Ein politisches System, in dem jeder über die Zukunft aller mitentscheidet, setzt voraus, dass wir einander jenseits sozialer und kultureller Unterschiede als Gleiche anerkennen. Empathie ist eine ethische Voraussetzung für die Identität als Bürger, dafür, sich als *citoyen* zu begreifen. Jede Form von Despotismus will die Empathie auslöschen, um die Menschen zu vereinzeln und zu unterwerfen. Stellt die Gesellschaft der Einsamkeit nicht die Möglichkeit von Demokratie an sich infrage, wenn sie diese Logik reproduziert?

DER ARCHIPEL DER GETTOS

Am 30. Juni 2018 stand Frankreich der argentinischen Mannschaft mit Lionel Messi im Achtelfinale der Fußball-Weltmeisterschaft gegenüber. Seit meiner Gymnasialzeit bin ich fußballverrückt und schaue immer mit denselben Freunden. Aus Treue und seit dem WM-Sieg 1998 auch aus Aberglauben. Vor dem Spiel diskutieren wir oft über Politik. An jenem Nachmittag nahm mein Jugendfreund Jean mich beiseite: »Verstehst du wirklich nicht, warum du in der Einwanderungsfrage so eine Minderheitenposition vertrittst? Glaubst du wirklich, dass die Leute alle Faschisten geworden sind? Warum stoßen deine noblen Appelle an Empathie und Solidarität wohl auf taube Ohren? Du solltest dich mal jenseits der Hauptstadt umsehen ...«

Er stammt aus Pantin, nordöstlich von Paris, und arbeitet für die Wiedereingliederung von Häftlingen im Norden des Landes. »Wir haben auf ganzer Linie versagt. Es gibt in Frankreich Viertel, in denen Juden und Homosexuelle nur leben können, wenn sie ihre Identität geheim halten. ISIS und der Terrorismus sind hier zwar immer noch schwach, da hast du recht, aber der ideologische und kulturelle Separatismus nimmt zu. Mädchen in Miniröcken werden böse angeschaut oder mit herabwürdigenden Kommentaren bedacht, es gibt Aggressionen gegen Homosexuelle und die wenigen noch in den Vororten lebenden Juden werden bedroht. All das schafft eine Atmosphäre der Angst. Diese Angst kannst du nicht schuldig sprechen, denn sie ist legitim. Und sie führt dazu, dass die Menschen in Frankreich keine Muslime mehr aufnehmen wollen. Das ist verständlich. Allerdings muss man auch den Versuch machen, es zu verstehen.«

Ich erwiderte, die Flüchtlinge von der Aquarius könnten nichts für die gescheiterte Integrationsarbeit seitens des Staates und sollten nicht für das Verhalten bestimmter Muslime aus den Vorstädten büßen müssen. Diese Verallgemeinerung grenze an Rassismus. Er verzog keine Miene: »Das stimmt. Es ist ungerecht, dass sie für etwas büßen müssen, für das sie nicht im Geringsten verantwortlich sind. Aber wenn du glaubwürdig sein willst, musst du analysieren, worin diese Ablehnung ihre Wurzeln hat. Sie ist nicht aus dem Nichts entstanden. Zemmour ist nicht ihr Auslöser, sondern nutzt sie nur für seine Zwecke.*
Du hast einen Vergleich zu 1979 gezogen, als sich die Franzosen für die *Boat People* einsetzten. Dieser Vergleich greift nicht: Die Vietnamesen hatten keine Glaubensbrüder, die ihnen in ganzen Regionen unseres Landes ihren Glauben und ihre Gesetze aufzwangen. Das ist die Wahrheit, und die setzt sich am Ende immer durch. Die Linke hat Leute wie mich verloren, weil sie diese Wahrheit nicht sehen wollte, weil sie die Dinge nicht angesprochen und einen blinden Multikulturalismus verteidigt hat.«

Das Gespräch wurde immer hitziger und gipfelte schließlich in dieser Aussage:

»Wenn das so weitergeht, wenn ihr weiter so tut, als verstündet ihr nicht, was ich sage, dann wähle ich irgendwann ...«

---

* Éric Zemmour ist ein französischer Journalist und Autor, der in den vergangenen Jahren wiederholt mit rassistischen Äußerungen und Publikationen gegen Muslime und über die angebliche »Entfranzösierung Frankreichs« in Erscheinung getreten ist.

»Le Pen?!?«

»Warum nicht, ja …«

»Sie [Marine Le Pen] verkörpert alles, wogegen wir immer gekämpft haben. Könntest du eine rassistische Partei wählen und damit gegen die EU stimmen und für eine Erfüllungsgehilfin Putins? Könntest du aus Angst vor dem Islam alles aufgeben, wofür wir immer eingetreten sind?«

»Versteh mich nicht falsch: Ich hasse sie und alles, wofür sie steht, aber wie bringen wir euch dazu, zu verstehen, dass wir nicht mehr bei Frankreichs Untergang zusehen wollen? Ist es ein Verbrechen, eine Kirche im Dorfzentrum, eine Lebensweise, eine Kultur bewahren zu wollen? Ich bin noch nicht an diesem Punkt angelangt, aber versprich mir, genau über das nachzudenken, was ich sage. Wenn du dich für die Aufnahme von Migranten, für eine offene Gesellschaft und den Humanismus einsetzen willst, dann tu das auf intelligente Weise. Ohne dich selbst oder andere zu belügen. Lass den Islamismus nicht aus, beschäftige dich mit den Ängsten der Franzosen und den Bereichen, in denen die Integration gescheitert ist. Und frag dich, warum die Linke diese Ängste immer verachtet und einem Gespräch über das Scheitern aus dem Weg geht.«

Ich kenne Jean in- und auswendig. Wir haben in den 1990er- und 2000er-Jahren oft gemeinsam für die Belange illegaler Einwanderer, gegen die extreme Rechte und für Menschenrechte demonstriert. Ich kenne Jeans kulturellen und ideologischen Hintergrund. Und der ist wirklich nicht rechts. Es würde nichts nützen, sich vor ihm aufzubauen und ihm Slogans wie »F wie Faschist, N. wie Nazi« entgegenzurufen, oder »*No Pasarán!*«, statt auf seine Sorgen einzugehen. Im Gegenteil. Um ihn für die offene Gesellschaft und die ihr zugrunde liegende kosmopolitische Vision zu interessieren, muss man ihm zeigen, dass man die integrieren kann, die zu uns kommen, und man muss gegen den Islamismus und die Akteure der identitären Bewegung kämpfen. Man muss ihm auch zu erklären versuchen, dass all das nicht genug ist, dass man gleichzeitig gegen die gesellschaftliche Vereinzelung, die Auflösung des Kollektivs und den allgemeinen Rückzug des Staates kämpfen muss. Denn um sich in einen Staat zu integrieren, muss man sich eben nicht nur integrieren können, sondern auch wissen, wo hinein es sich zu integrieren gilt.

Je mehr sich die sozialen und staatsbürgerlichen Bindungen auflösen, umso geringer wird die Integrationsfähigkeit einer Gesellschaft. Diese Erosion findet ausgerechnet zu einem Zeitpunkt statt, an dem unsere Nationen multikultureller, multiethnischer und multikonfessioneller sind als je zuvor. Wir erleben eine Schwächung des Gemeinwesens und eine zunehmende gesellschaftliche Diversifizierung, und das Zusammenwirken dieser beiden Faktoren macht das Problem so groß, dass es jedem unlösbar erscheinen kann, der sich ernsthaft damit auseinandersetzt. Es kann zur brutalen Schließung von Häfen und Grenzen führen, und von unserem Verstand.

Anders als der Neoliberalismus behauptet, können Monaden nicht unbegrenzt lange allein bleiben – vor allem dann nicht, wenn sie unter ihrer Einsamkeit leiden. Weil sie keine Anreize sehen, sich staatsbürgerlich zu engagieren, bilden sie Herden, beschränken sich auf ihre unmittelbare Umgebung und auf das, was sie sind oder momentan zu sein glauben. Wo kollektive politische Ordnungsstrukturen schwinden, finden sich die Individuen in Gemeinschaften zusammen, die nach Herkunft, Glaube oder Hautfarbe organisiert sind. In *Der Zerfall der Demokratie* zitiert Yascha Mounk einen amerikanischen Politiker: »Vor ein paar Jahrzehnten ... gaben mir meine Wähler, wenn ich sie fragte, wer sie sind, noch Antworten wie: ›Ich bin Vorarbeiter in der Fabrik.‹ Doch dann sind viele dieser Jobs verloren gegangen. Die Leute hat es nicht nur wirtschaftlich hart getroffen, sie haben auch ein Stück Identität verloren. Wenn ich sie heute frage, wer sie sind, dann sagen sie mir: ›Ich bin weiß.‹«[6]

Die Individualisierung der Existenz führt nicht zum gänzlichen Wegfallen der Identifikation mit einem Kollektiv, sondern zu Ersatzidentifikationen, zu Formen der Infrapolitik. Ein muslimischer Arbeiter kann sich genauso auf seine konfessionelle »Identität« berufen, wie der von Mounk zitierte Vorarbeiter auf die weiße »Identität«. Mit dieser Feststellung wird die spezifische Bedrohung durch den Islamismus in keiner Weise relativiert. Der muslimische Fundamentalismus kann natürlich nicht durch die Krise der westlichen liberalen Demokratien erklärt werden. Er gründet zunächst in einer Dynamik innerhalb der Umma. Es wäre idiotisch zu behaupten, die Abschaffung der Wehrpflicht, die Schwäche der Gewerkschaften oder der Verlust des staatsbürgerlichen Ideals in Frankreich seien für den Aufschwung des IS im Irak oder der Islamischen Heilsfront in Algerien verantwortlich. Doch um den Islamismus bei uns wirksam zu bekämpfen, genügt es nicht, gegen die Hassprediger vorzugehen. Es gilt auch, den Staat als solchen zu rehabilitieren. Der Kampf gegen die Ideologie der Ideologen ist wichtig, reicht aber nicht aus. Wir müssen uns auch mit dem Problem auseinandersetzen, dass der universalistische Gedanke weltweit auf dem Rückzug ist.

Den Prozess der Dissoziierung, den die Jugend der Vorstädte erlebt – das Gefühl, weder freiwillig noch zwangsweise mit dem Staat verbunden zu sein –, kennt auch der junge Mann vom Land, mit dem ich mich vor dem McDrive unterhalten hatte.

Oder der Bürger aus einem wohlhabenden Pariser Viertel, der eine Aufnahmeeinrichtung für Migranten anzündete, um die soziokulturelle Einheit seiner Wohngegend zu bewahren. Das gleiche Gefühl kennt auch der Pariser Bohemien, der sich in Brooklyn genauso zu Hause fühlt und glaubt, auf dem Mars gelandet zu sein, wenn er versehentlich in einem Dorf wie Theysous-Vaudemont strandet, dessen Bewohner 2017 zu 100 Prozent Marine Le Pen gewählt haben. Die gesamte Integration der Menschen in den Staat funktioniert nicht mehr. Die Ausbreitung des Islamismus totzuschweigen oder zu leugnen, ist eine Form von Irenik. Sich aber nur darauf zu konzentrieren, ohne die allgemeine Auflösung zivilgesellschaftlicher Bindungen einzubeziehen, ist kurzsichtig.

Es nützt nichts, den Niedergang des Kommunitarismus zu beklagen, ohne nach dem sich ausbreitenden Nichts zu fragen, das diesem Niedergang zugrunde liegt. 2015 wies der damalige französische Premierminister Manuel Valls zu Recht auf »die Brüche, die Spannungen« hin, »die seit Langem unter der Oberfläche schwelen: die Auslagerung der Probleme an die Ränder der Großstädte, die Gettos, die territoriale, soziale und ethnische Apartheid, die sich in unserem Land ausgebreitet hat«. Starke Worte, zweifellos zu stark bezüglich der Apartheid. Doch welche politischen Maßnahmen sind ergriffen worden, um die »Auslagerung« der Probleme zu beenden, die Mauern der »Gettos« einzureißen und die »Apartheid« zu beenden? Nicht eine einzige. Der Kampf der Linken für die Republik beschränkt sich auf die Verbreitung zahlreicher antiislamistischer Slogans und ignoriert die Gesamtheit jener zentrifugalen Prozesse, welche die Zugehörigkeit zum Staat unterminieren. Damit dokumentiert die Linke, die sich für »republikanisch« hält, pure Besessenheit.

Die andere, als differenzialistisch bezeichnete Linke erlebt – sei sie liberal oder radikal – das umgekehrte Problem. Sie geht davon aus, dass die Republik gescheitert ist, sowohl in ihrem Kampf gegen die verschiedenen Formen der Diskriminierung als auch im Versuch, ein einheitliches politisches Gemeinwesen herzustellen. Deshalb weist sie den Universalismus als solchen zurück und sieht sich nun den zentrifugalen Kräften des Neoliberalismus ausgesetzt. Apple proklamiert: »Think different.« Woraufhin das Echo der militanten Multikulturalisten ertönt: »Kultiviere deine Verschiedenheit.« »Come as you are« ist ein hervorragender Titel für einen Nirvana-Song oder ein wirksamer Werbespruch für McDonalds, kann aber keine politische Maxime sein.

Agiert man im öffentlichen Raum, »wie man ist«? Oder muss man sich von dem abgrenzen, was man spontan ist, und sich in einen Bürger, *citoyen*, verwandeln? Manche, die gemerkt haben, dass die Republik ihre Versprechen nicht gehalten hat, haben ihr den Rücken gekehrt. Das Bekenntnis, wir alle seien als Bürger gleich, unabhängig von unserer Herkunft, ist eine performative Aussage, ein Ideal – keine auf Beobachtung basierende empirische Theorie. Die Beobachtung zeigt, dass Ungleichheiten, Diskriminierungen, Unterscheidungen, Rassismus und Sexismus fortbestehen. Angesichts dieser Feststellung kann man entweder zur Mobilisierung aller aufrufen, damit das universalistische Ideal nicht weiter der Lächerlichkeit preisgegeben wird. Oder man kann dieses Ideal für verfehlt erklären und aus der Differenz einen Wert an sich machen. Die militanten Antirassisten klagen den »abstrakten« Charakter republikanischer Staatsbürgerlichkeit an und greifen damit, manchmal ohne es zu wissen, die Argumente von Konterrevolutionären wie Joseph de Maistre auf. Dieser hatte der Französischen Revolution etwa entgegengehalten: »Es gibt auf der ganzen Welt keinen Menschen. Ich habe in meinem Leben Franzosen, Italiener und Russen getroffen und weiß dank Montesquieu sogar, dass es Perser gibt, aber einen Menschen habe ich noch nie in meinem Leben getroffen. Wenn es ihn gibt, weiß ich nichts davon.«

In der öffentlichen Debatte herrscht heute Verwirrung hinsichtlich zweier Begriffe, die sich doch klar voneinander unterscheiden: Kosmopolitismus und Multikulturalismus. Diese Unterscheidung muss dringend wieder hergestellt werden. Der Kosmopolitismus will aus Individuen unterschiedlicher sozialer, ethnischer oder religiöser Herkunft einen einheitlichen politischen Körper, eine *res publica*, schaffen. Es handelt sich hierbei um ein konstantes Ansinnen, das vom Staat und den Individuen, die ihn bilden, ausgeht. Der Multikulturalismus dagegen ist entweder eine Tatsachenbeschreibung – verschiedene Kulturen leben zusammen in einer Nation – oder eine Ideologie, die darauf gerichtet ist, diese Tatsache zum Ziel zu erklären. Als Tatsachenbeschreibung ist der Multikulturalismus unbestreitbar, aber von geringem politischem Wert. Wird er zur Ideologie, hilft er dem Neoliberalismus bei der Zerstückelung der Republik. Der Kosmopolitismus dagegen weist der Politik ihre höchste Aufgabe zu, nämlich aus einem erklärtermaßen vielgestaltigen sozialen Gebilde *ein* Staatsvolk, *ein* Gemeinwesen aus Staatsbürgern, zu formen. Eine Verwechslung dieser beiden Begriffe ist gefährliche intellektuelle Faulheit.

Das Anerkennen von Unterschieden in ein politisches Programm zu übersetzen, verleiht dem, was gerade passiert – dem Zusammenschluss der Ähnlichen und dem Ausschluss der anderen – den Anstrich des Fortschrittlichen. Und es erweist sich langfristig als Katastrophe für die Minderheiten, die man zu verteidigen vorgibt. Wenn der politische Kampf zu einer Frage identitärer Anerkennung wird, kommt irgendwann unausweichlich der Tag, an dem die größere »Gemeinschaft« sich ihrerseits in identitärer Weise selbst bekräftigt. Damit tritt man in die Ära des »Mehrheitsvolks« ein. Der Ausdruck stammt aus Ruanda und war der Schlüsselbegriff der segregationistischen Regierung, die das Land 1994 in den Genozid geführt hat: Die nicht gewählten Hutu-Machthaber legitimierten sich mit der Behauptung, die »Mehrheit« zu repräsentieren, da sie 80 Prozent der Bevölkerung stellten. 20 Jahre später macht sich im Westen eine derartige infrapolitische Vorstellung von Volksvertretung breit. Mit der Wahl Donald Trumps wurde sie offenkundig.

Hillary Clintons Wahlkampfteam wandte sich mit zahlreichen spanischsprachigen Wahlspots an die Wählerschaft mit lateinamerikanischen Wurzeln und demonstrierte Unterstützung durch prominente Schwarze, um den Afroamerikanern *als* Afroamerikaner zu gefallen. Der demagogische Geschäftsmann wandte sich hingegen an die größte »Gemeinschaft«: Er sprach die weißen Amerikaner als weiße Amerikaner an, was vor ihm noch nie jemand gewagt hatte. Damit ersetzte er einen Großteil der Wähler: Er verlor einen Teil der republikanischen Elite, gewann aber Stimmen von Arbeitern hinzu, die bislang demokratisch gewählt hatten. Sein Wahlsieg markiert auch den Sieg des identitären Populismus.

Das Debakel von 2016 hatten die Clintons selbst vorbereitet. Als sie den Märkten, die sie beherrschen wollten, nichts mehr entgegenzusetzen hatten, trugen sie dazu bei, dass soziale Fragen durch kulturelle und das Gemeinwesen betreffende Themen ersetzt wurden. Ihre Strategie wurde auch in Frankreich aufgegriffen, etwa durch eine berüchtigt gewordene Formulierung des sozialliberalen *Think Tanks* Terra Nova vom Mai 2011: »Die Linke: Welche Wählermehrheit bekommt sie 2012?« Der

Vorschlag lautete, die aus Arbeitern bestehende Wählerschaft durch diskriminierte Minderheiten und neue urbane Eliten zu ersetzen. Viele Menschen nahmen daran Anstoß, obgleich Terra Nova nur einen Prozess innerhalb der französischen Linken bestätigte, der längst im Gange war – nämlich die Ersetzung des Strebens nach der Gleichheit aller durch die Bekräftigung der Rechte des Einzelnen. In einer Zeit rasant wachsender Ungleichheiten kam dies einer gesellschaftlichen Kapitulation gleich. Und einem politischen Suizid.

DER SEZESSIONSKRIEG

In einer Welt der voneinander getrennten Leben haben Wahlen die Rolle eines Spiegels. Jeder Blick hinein bestätigt die territorialen Klüfte, die unsere Gesellschaften durchziehen. Von Polen bis zu den USA zeigt sich eine ähnliche Wählerverteilung: Die großen Metropolen stimmen für die Verfechter der offenen Gesellschaft, während die mittelgroßen Städte und Dörfer für die Selbstbezüglichkeit plädieren. An den Wahlabenden stellen die Ost- und Westküste der Vereinigten Staaten immer wieder bestürzt fest, dass es zwischen New York und San Francisco ein ganzes Land gibt, und die polnischen Eliten machen die beängstigende Entdeckung, dass auch außerhalb von Warschau Menschen leben.

Wo die Menschen unter der Einsamkeit leiden, drückt sich das Bedürfnis nach kollektiver Identifikation deutlicher aus. Donald Trump und seine europäischen Freunde bieten eine Form des »Wir« an, die die fortschrittsorientierten Kräfte nicht mehr anbieten. Matteo Salvini, Marine Le Pen, Viktor Orbán und

Nigel Farage reduzieren die Politik nicht zur Begleiterscheinung des Weltgeschehens, sondern versprechen einen Ausweg aus der individuellen Isolation, die Neugründung eines Volks. Kein Zweifel, ihre Version des »Wir« ist zu simpel und gefährlich, doch anders als ihre politischen Gegner haben sie wenigstens eine. Sie machen Politik, ihre Gegner tun das nicht. Sie stellen sich dem Lauf der Dinge entgegen, während ihre Gegner ihn bekräftigen. Wenn das einzige gegen sie gerichtete Streben darin besteht, die Freiheiten und den Rechtsstaat zu verteidigen, werden sie weiterhin Erfolge feiern und die Verteidigungslinien des Progressismus durchschneiden wie Butter.*

Die Wählerverteilung der letzten Jahre rehabilitiert schonungslos das Konzept der sozialen Schicht, genauer gesagt der soziokulturellen Schicht, deren Ende man gleichzeitig mit dem der kommunistischen Ideologie ausgerufen hatte. Der Graben zwischen den Schichten ist jedoch keineswegs verschwunden, sondern wird immer tiefer. Das soll nicht heißen, dass Arme und Reiche früher in Harmonie lebten, wie es die reaktionären Utopisten gern behaupten. Aber sie lebten doch 1978 weniger

---

* Die Strategie der »Rechten« funktioniert nur bei denen, die ihre Einsamkeit mögen oder die mit dem »Wir« der extremen Rechten direkt gemeint sind. Die globalisierten Eliten und die Minderheiten schmieden währenddessen ein Verteidigungsbündnis all jener, die durch den Nationalismus zu viel zu verlieren hätten. Es ist eine Allianz von Bibern, die zusammen einen Deich bauen, um das Schlimmste zu verhindern. Während der französischen Präsidentschaftswahlen 2017 gehörte ich zwischen den Wahlgängen zu jenen, die in den Medien für diese Koalition der Biber plädierten. Obwohl ich mit der Politik Emmanuel Macrons überhaupt nicht einverstanden bin, bereue ich das nicht, denn ich glaube, ein Wahlsieg oder eine sehr hohe Prozentzahl für Le Pen wäre eine Katastrophe gewesen. Dennoch ist mir klar, wo diese Allianz an ihre Grenzen stößt.

stark getrennt voneinander als 2018. Wer den Gedanken, früher sei alles besser gewesen, zurückweist, muss noch lange nicht die genauso falsche Behauptung aufstellen, heute sei alles besser.

Der erste Grund für die Trennung der sozialen Schichten ist die Explosion der Ungleichheiten. Der Reichtum der Reichen kennt inzwischen keine Grenzen mehr. Warren Buffett fasste die neue sozioökonomische Situation am 25. Mai 2005 auf CNN ganz ehrlich zusammen: »Tatsächlich gibt es einen Klassenkampf. Geführt wird er von meiner Klasse, den Reichen, und sie ist gerade dabei, zu gewinnen.« Die Zahlen sind unbestreitbar. In den Vereinigten Staaten stieg das Einkommen des reichsten Prozents der Bevölkerung in den letzten 30 Jahren um 150 Prozent. Für 90 Prozent der finanziell weniger gut gestellten stieg es nur um 15 Prozent. Thomas Piketty zufolge hat das mittlere Einkommen der reichsten ein Prozent in Frankreich zwischen 1983 und 2015 um 100 Prozent zugenommen; der Rest der Bevölkerung gewann nur 25 Prozent hinzu.

1978 verdienten die CEOs der großen amerikanischen Firmen im Mittel das 30-Fache des mittleren Einkommens in ihren Unternehmen. Heute verdienen sie 300 Mal so viel wie ihre Angestellten. Thomas Porcher stellt für Frankreich eine ähnliche Entwicklung fest: »Das mittlere Gehalt der Chefs der 120 größten französischen Unternehmen ist inzwischen 132 Mal so hoch wie das ihrer Angestellten.« Henry Fords Bewertung von Einkommensunterschieden zwischen eins und 40 als »gesellschaftlich unannehmbar« scheint aus einer anderen Zeit zu stammen. Wie kann eine Republik existieren, wenn die Einkommen sich – ungeachtet eventueller Dividenden – um den Faktor 300 unterscheiden? Alain Minc, der über den Verdacht, ein wütender Kommunist zu sein, erhaben ist, wundert sich:

»Überraschend ist derzeit eigentlich nur, dass die Reaktionen auf diese widernatürliche Situation so schwach sind.«

Zu der Explosion der Ungleichheiten kommt ein Prozess physischer Trennung hinzu. Die Stiftung Jean-Jaurès veröffentlichte am 21. Februar 2018 einen langen, erhellenden Beitrag von Jérôme Fourquet über die »Abspaltung der begünstigten Schichten«. Binnen 30 Jahren ist die soziale Durchmischung überall in Frankreich zurückgegangen und hat einem gemütlichen Unter-sich-Sein Platz gemacht. Von den einen ist das so gewünscht, die anderen leiden darunter. Besonders gut zeigt sich dies an der Wohnsituation: Reiche und Arme bewohnen immer seltener dieselben Viertel oder gar dieselben Orte. Der Anstieg der Immobilienpreise und die Entwicklung zur Dienstleistungsgesellschaft haben unsere Metropolen gentrifiziert. 1982 machten Führungskräfte und Menschen in intellektuellen Berufen 24,7 Prozent der aktiven Bevölkerung aus. 2013 waren es 46,6 Prozent. Zeitgleich sank der Anteil der Angestellten und Arbeiter um die Hälfte. Jérôme Fourquet: »Die Angehörigen der begünstigten Schichten leben in einer Umgebung, die nach ihren Bedürfnissen gestaltet ist. Sie entwickeln einen sozialen Herdentrieb und ein immer homogeneres Wertesystem.«

Die staatlichen Schulen, die eigentlich als republikanische, gemeinschaftliche Schmelztiegel fungieren sollten, haben auf diese Situation keine Antwort. Da die Schulen verschiedenen Bezirken zugeteilt sind, erfüllen sie in einem Land, in dem »Bürgerliche« und »Proletarier« nicht mehr an den gleichen Orten leben, ihren Auftrag nicht mehr. Zur räumlichen Trennung kommt eine Trennung der Schulen selbst hinzu: Begüterte Familien entscheiden sich immer häufiger für Privatschulen. Zwar ist der Anteil der Schüler, die solche Schulen besuchen, in den letzten 30 Jahren gleich geblieben (ungefähr 20 Prozent), doch ihre sozialen Merkmale haben sich verändert. Wurde die Entscheidung früher aus konfessionellen Gründen getroffen, so ist sie heute eine Frage der sozialen Schicht. Auch an den Universitäten bleibt man zunehmend unter sich: Der Anteil an Studenten aus ärmeren Familien an den französischen Elitehochschulen ENA, ENS, École Polytechnique und HEC ist seit 1950 um zwei Drittel gesunken.

Junge Franzosen aus unterschiedlichen gesellschaftlichen Schichten begegnen einander nicht mehr in ihrem Wohnviertel, in der Schule oder beim Wehrdienst. Sie kennen einander nicht mehr. Wie sollen sie also das Gefühl bekommen, demselben Volk, demselben Gemeinwesen, anzugehören? Wenn der Politik nichts mehr einfällt, wendet sie sich gerne an den Sport, diesen »großartigen Integrationsvektor« einer Republik, die zwar keine Bürger mehr hervorbringt, aber hofft, wenigstens den ein oder anderen Fußballer zu produzieren. Kylian Mbappé aber bleibt eine Ausnahme, und der gesellschaftliche Separatismus ist inzwischen bis in die Fußballstadien vorgedrungen. Die hohen Kartenpreise schließen die weniger Begüterten aus. Um das Ausmaß dieser Revolution zu ermessen, muss man nach einem Spiel von Arsenal im Emirates Stadium in London nur in einen Pub gehen und den langjährigen Fans zuhören, die vom mythischen Highbury Stadium erzählen. Der Prinzenpark in Paris hat die gleiche Entwicklung durchgemacht. Wie in England hat der Kampf gegen die Hooligans es den Verantwortlichen ermöglicht, das wirtschaftliche Projekt der »Verbürgerlichung« des Stadions als notwendige Sicherheitsmaßnahme zu verkaufen. Jenseits der zwei Jubeltage nach dem WM-Sieg, den wir alle 20 Jahre einfahren, wird auch der Fußball ein Spiegel sozialer Distinktion.

Auch die politischen Bewegungen befinden sich in diesem

Niedergang, allen voran die Sozialistische Partei. Noch in den 1980er-Jahren gehörten Führungskräfte und Freiberufler genauso zu den Mitgliedern wie Angestellte und Arbeiter. Durch den Kontakt zu Aktivisten blieb die Parteiführung stets am Puls der Gesellschaft, auch wenn diese Nähe politisch orientiert war. Aber es gab soziale Durchmischung. Das ist heute nicht mehr der Fall. Seit den 2000er-Jahren gibt es in der Organisationsstruktur der Partei fast keine Arbeiter mehr. Logischerweise wurden die sozialen Fragen seither durch gesellschaftliche Themen und die Frage nach individuellen Rechten ersetzt. Ein hochrangiger Parteifunktionär vertraute Renaud Dély im Nachrichtenmagazin *Marianne* an: »Unser wahres Problem ist, dass wir uns auf unseren Sitzungen zwei Stunden lang über Leihmutterschaft streiten, den Mindestlohn aber in fünf Minuten abhandeln.«

Der wachsende Graben zwischen den Finanz-, Kultur- und Politikeliten und dem Rest der Bevölkerung zerrüttet den gesellschaftlichen Konsens. Die unteren und mittleren sozialen Schichten wenden sich von Institutionen und Autoritäten ab, die diese gesellschaftliche Segregation billigen. Und die wohlhabenden Schichten glauben, ihr Land regieren zu können, ohne das Unter-sich-Sein aufgeben zu müssen. Weicht die liberale Demokratie damit einer Art elektiver Oligarchie?

KORRUPTION

New York, 10. März 2011. Seit drei Jahren arbeitete ich für Präsident Saakaschwili am Beitritt Georgiens zur Europäischen Union. An jenem Tag waren wir mit einem exzentrischen Geschäftsmann verabredet, der in der Hafenstadt Batumi ein Immobilienprojekt leitete. Ich wusste nicht viel über den Mann mit den zerzausten Haaren, der uns lächelnd vor einem imposanten Hochhaus in Manhattan empfing – außer, dass er anscheinend nicht gern Steuern zahlte und im Reality-TV eine bekannte Größe war.

In seinem seelenlosen Büro versuchten wir, ihm die Reformen in Georgien zu erklären – einem Land, das sich seit der Rosenrevolution als Vorbild im Kampf gegen die Korruption verstand. Er zeigte sich wenig interessiert und verkündete nach fünf Minuten ohne Umschweife: »I will be president, you will see« – Sie werden sehen, ich werde Präsident.

Er bemerkte meine mindestens verhaltene Reaktion und wandte sich an mich:

»Wissen Sie, warum ich Präsident werde?«

»Nicht wirklich, warum denn?«

»Because I am the best. Es ist ganz einfach: Ich bin der Beste. Und damit hat es sich. *I am the best.*«

Ich muss noch immer einigermaßen skeptisch ausgesehen haben, denn er fuhr fort: »*I am the best* ist einfach der beste Wahlkampfslogan aller Zeiten. Ich bin der Beste und die anderen sind alle *loser*. Was wollen Sie mehr? Ich werde das so verkaufen, glauben Sie mir, das wird funktionieren. Die Leute wollen den Besten. Sehen Sie sich all meine Erfolge an! *Here I am. The best.*«

Ich musste mir ein Lachen verkneifen. Dieser Mann würde niemals Präsident der Vereinigten Staaten werden! Und hat man je von einem schlechteren Wahlkampfslogan gehört als »I am the best«? Um nicht unhöflich zu sein, antwortete ich:

»Vielleicht. Wer weiß?«

»Ich weiß es.«

Er interessierte sich noch immer kein bisschen für den Kampf gegen die Korruption in der kleinen Kaukasus-Republik und wechselte abrupt das Thema: »Kennen Sie meine Tochter Ivanka? Sie ist wundervoll. *So smart!* Möchten Sie sie kennenlernen?«

Langsam wurde es peinlich. Um das Schweigen zu brechen, machte er die Sache noch merkwürdiger: »*Do you like culture?*«

Ich wusste nicht, wie ich auf diese Frage antworten sollte, und murmelte: »Natürlich.« Ein großer Fehler. Er fuhr fort:

»Dann sollten wir uns heute Abend treffen. Kennen Sie Mike? Er gibt Ihnen alle Informationen.«

Michael Cohen, ein kleiner, grauer Mann, der wie ein betrügerischer Buchhalter aus einem Schwarz-Weiß-Film wirkte, organisierte alles, und wir gingen noch am selben Abend in *Das Phantom der Oper* am Broadway.* Die Vorstellung begann mit einer Stunde Verspätung, weil alle im Saal Selfies mit unserem Gastgeber machen wollten. Eine Dame reichte mir ihr Smartphone, und ich machte Fotos von dem orangefarbenen Mann und seinen seltsamen Fans, die sich um ihn drängten. Erwach-

---

* Michael Cohen war damals Donald Trumps Anwalt und Mädchen für alles. Im Zuge staatlicher Ermittlungen war er bereit, seinen ehemaligen Chef fallen zu lassen, und machte ihn sich damit zum Feind.

sene Menschen weinten tatsächlich vor Freude, ihn umarmen zu dürfen.

Er lächelte. »Ich habe es Ihnen gesagt: *People want Trump*.«

Als das Musical begann, bemerkte ich, dass er den Text mitsang, noch ehe die Sänger den Mund geöffnet hatten. Er kannte *Das Phantom der Oper* auswendig. »Ich habe Ihnen doch gesagt, dass ich Kultur liebe.«

Nach der Show erzählte ich meinen den Demokraten nahestehenden Freunden in Brooklyn sofort von diesem irrsinnigen Erlebnis. Sie lachten sich kaputt, als ich nachahmte, wie er mir seine baldige Wahl zum Präsidenten verkündete. »When pigs fly!«, riefen sie. Nun, inzwischen fliegen die Schweine.

Fünf Jahre später wurde Hillary Clinton gefragt, warum sie mit ihrem Mann bei der Hochzeit des so »verabscheuungswürdigen« Donald Trump gewesen sei. Sie antwortete leichthin: »Ich dachte, das könne unterhaltsam werden.« Ihr Gegner lieferte eine etwas überzeugendere Erklärung: »Als Geldgeber habe ich sie gebeten, zu kommen. Sie hatten keine Wahl.« Und um sie dann endgültig festzunageln: »Sie hatten keine Wahl, und genau das läuft falsch in unserem Land: Es wird für und von den Geldgebern, Interessengruppen und Lobbyisten regiert, und das ist keine Floskel.« Trump hatte recht, und Clinton verkaufte die Leute für dumm.

Der derzeitige Bewohner des Weißen Hauses ist einerseits der Anwalt und zugleich die perfekte Verkörperung der Degeneration unserer politischen Systeme. Er wurde gegen das »korrumpierte System« gewählt und erklärte ausgerechnet seinen Steuerbetrug zum Beweis seiner »Intelligenz«. Der *deal*, den er mit seinen Wählern gemacht hat, war von Berlusconis Vertrag mit den Italienern inspiriert: »Ich werde für euch tun, was ich für mich getan habe.« Seine Anhänger haben weit mehr den Privatmann gewählt als die Partei, für die er steht. Zu Beginn des 21. Jahrhunderts ist *I am the best* tatsächlich der »beste Wahlkampfslogan«.

Der Hinweis auf die Vermischung der Sphären schadet Donald Trump in keiner Weise, denn genau diese Vermischung hat er propagiert. Er hatte bereits im Jahr 2000 kandidieren wollen, dann aber seine Meinung geändert. Damals hatte er verkündet: »Es könnte gut sein, dass ich der erste Präsidentschaftskandidat werde, der damit Geld verdient.« Genauso ist es heute gekommen. Seit seinem Einzug ins Weiße Haus gewinnt die Marke Trump täglich an Wert, einfach durch die Tatsache, dass er Präsident des mächtigsten Landes der Welt ist. Er muss dafür gar nichts tun, obwohl er sich natürlich trotzdem nicht verkneift, weiterhin Einfluss auf seine Unternehmen auszuüben. Dass die Marke Trump seit 2016 Lizenzen in der ganzen Welt besitzt, scheint beinahe normal. Es ist das Ergebnis einer langsamen Korruption des öffentlichen Lebens. Der Trumpismus ist weniger ein Aufstand gegen »das System« als vielmehr dessen Ende. Schlimmer noch: Er ist zugleich ein Aufstand und ein Ende – ein Ende durch einen Aufstand.

Als der Geldgeber Trump beschloss, zur Wahl anzutreten und die Macht selbst zu ergreifen, hatte er einen Zerfallsprozess erkannt, der bereits seit Jahrzehnten hinter den Kulissen im Gange war. In einer Republik versucht der private Sektor traditionell, sich Vorteile zu verschaffen, indem er die Nähe zur Politik sucht. Heute ist das Gegenteil der Fall: Die Politik sucht die Gunst der Wirtschaftsführer. Die Bibel der liberalen Eliten, *The Economist*, warf im Juli 2018 die Frage auf, ob der exponentielle Anstieg der Ungleichheiten in den letzten 30 Jahren einen immer geringeren Anteil in der öffentlichen Debatte einnimmt. Unsere Staatschefs sprachen häufiger von Ungleichheit, als sie noch schwächer ausgeprägt war. *The Economist* brachte diese Feststellung mit der wachsenden Bedeutung privater Geldgeber für die Politik und mit deren großen Vermögen in Verbindung.

Die Zeitung stellte eine einfache These auf: »Weil die Reichen immer reicher werden, haben sie immer mehr Möglichkeiten, die Politik zur Unterstützung dieses oder jenes Aspekts des gesellschaftlichen Lebens zu bringen.« Je reicher die Reichen sind, desto mehr Geld pumpen sie in die Wahlkämpfe und in die politische Debatte. Und desto weniger beschäftigen sich Politiker im Gegenzug mit den ungleichen Einkommen, die ihre Geldgeber so reich machen. Je mehr Geld die Reichen verdienen, umso mehr überweisen sie »unseren« Volksvertretern und umso mehr Gewinn ermöglichen ihnen diese. Ihre »Möglichkeiten, die Politik zur Unterstützung dieses oder jenes Aspekts des gesellschaftlichen Lebens zu bringen«, übersteigen bei Weitem ihre Spenden an Parteien und Kandidaten (die in Europa weit stärker reglementiert sind als in den Vereinigten Staaten). Dazu gehören die Finanzierung von *Think Tanks* und Medien, die politische Debatten strukturieren und Vorstellungswelten generieren.

Die soziokulturelle Atmosphäre, in der die politische Führungsriege sich bewegt, hat sich verändert. Dem *Economist* zufolge verbringen sie in der gesamten westlichen Welt immer mehr Zeit mit dem Einwerben von Geldern der Superreichen und immer weniger Zeit vor Ort im Kontakt mit Wählern und Aktivisten. Logischerweise – und manchmal ohne dass es ihnen bewusst wird – widmen sie sich den Themen und Problemen der Menschen, die sie am häufigsten sehen. Dieses Phänomen gilt keineswegs nur für die Vereinigten Staaten. Am 12. April 2018 gab Emmanuel Macron dem Sender TF1 ein Interview.

Auf die Frage nach der teilweisen Abschaffung der Vermögenssteuer antwortete er spontan: »Seit 30 Jahren sagen uns die Leute: Diese Steuer ist kontraproduktiv.« Der Journalist hakte nicht nach und ging zum nächsten Thema über. Dennoch haben wir das Recht zu wissen, wer »die Leute« sind, die seit »30 Jahren« die Abschaffung der Vermögenssteuer fordern. Wo in Frankreich flehen die Wähler die Politiker an, die ungerechte, ineffiziente Vermögenssteuer abzuschaffen? »Die Leute« sind offenbar jene, mit denen Emmanuel Macron Umgang pflegt und mit denen er spricht. Sie gehören dem Milieu an, in dem er seit vielen Jahren unterwegs ist und dessen Perspektive, Logik, Interessen und Sprache er übernommen hat.

The Economist, über jeden Populismusverdacht erhaben, hat recht: Das Unter-sich-Sein der politischen, wirtschaftlichen und medialen Eliten führt zu einer Verzerrung der öffentlichen Debatte. Die »Aspekte des gesellschaftlichen Lebens«, die von unseren führenden Politikern »unterstützt« werden, spiegeln nicht immer die allgemeinen Interessen wider. Ein Beispiel: Der nationalen Delegation gegen Betrug zufolge kostete der Sozialbetrug den französischen Staat 2015 677 Millionen Euro, während der Steuerbetrug den Staat um 21 Milliarden Euro Einnahmen brachte. Doch welche der beiden Betrugsformen ist in der öffentlichen Debatte präsenter – nicht nur in Frankreich, sondern auch in Deutschland und anderen europäischen Ländern? Eindeutig die erste. So scheint die Kontrolle der Arbeitslosen von zentraler Bedeutung zu sein, während der Kampf gegen die Steuertricks der Superreichen weniger dringend daherkommt. Folgt man dem *Economist*, ist dieses Ungleichgewicht schnell erklärt: Unsere politische Führungsebene frequentiert einfach mehr Menschen, die der Vermögenssteuer unterliegen, als Sozialhilfeempfänger. Eine Kampagne gegen Steuerbetrug würde sich direkt gegen ihren Bekanntenkreis (und ihre Geldgeber) richten, während die Stigmatisierung der Armen keine gesellschaftlichen Konsequenzen für sie hat.

Eine derartige Verflechtung der wirtschaftlichen und politischen Führungsebenen bezeichnete schon Machiavelli als »Korruption«. Bei ihm meint der Begriff jenseits einzelner, klar identifizierbarer und strafbarer Delikte die Vereinnahmung des öffentlichen Raums durch einzelne Gruppen, die Übernahme öffentlicher Macht durch private Kräfte und die Wandlung der Interessen Einzelner zum Allgemeininteresse. Anders gesagt: die fortschreitende Degeneration der Demokratie zur Oligarchie. Zur Zeit Machiavellis entstanden auch die Banken und die moderne Republik. Korruption war das Thema schlechthin. Die Menschen häuften schnell riesige Vermögen an, und die politischen Denker waren von der Frage besessen, wie sich verhindern ließe, dass diese Vermögen den politischen Prozess vereinnahmten. Machiavelli interessierte sich umso mehr dafür, weil er aus Florenz wegen des Versuchs verbannt worden war, die superreichen Medici an der Vereinnahmung politischer Institutionen zu hindern. Er hatte dafür gekämpft, dass das Geld eines Clans nicht die gemeinsame Sache pervertieren dürfe. Das Geld hatte gewonnen, und er hatte ins Exil gehen müssen. Aus dieser Niederlage entstanden die *Abhandlungen über die ersten zehn Bücher des Titus Livius*. Und genau deshalb erscheint uns dieser Text so aktuell. Sein Ausgangspunkt ist die Korruption des öffentlichen Raums und die Privatisierung öffentlicher Güter – unsere heutige Welt.

In ihrer spannenden Untersuchung *Sphère publique, intérêts privés* [Öffentliche Sphäre, private Interessen] ergründen Antoine Vauchez und Pierre France, wie die Vermischung dieser Bereiche derzeit die Republik untergräbt.[7] Das unablässige Hin und Her zwischen politischen und wirtschaftlichen Führungspositionen, die vielfachen öffentlich-privaten Partnerschaften, der konstante »Ausverkauf öffentlicher Interessen zugunsten privater Interessen« und die Entstehung des »öffentlichen Handelsrechts« dokumentieren eine Unschärfe: Jenseits der hinlänglich bekannten Korruption ist die – durch Effizienz und »Rückwendung zum echten Leben« legitimierte – Überschneidung des öffentlichen und des privaten Raums ein großes politisches Problem.

Nichts bleibt heute von dieser Überschneidung von Interessen und Logiken unberührt. Nicht einmal der Krieg, der doch für Machiavelli der Inbegriff des Gemeininteresses ist. Der florentinische Denker widersprach der Professionalisierung des Militärs und der Anstellung von Söldnern durch die italienischen Städte. Eine Republik solle die Entscheidung, in einen Konflikt einzutreten, nicht delegieren und solle auch keine Truppen bezahlen, um in ihrem Namen Krieg zu führen. Der Aufstieg der Figur des *condottiere*, des Söldners, war für Machiavelli der Inbegriff staatlicher Korruption und das Vorzeichen des Untergangs. Die Anfänge dieses Niedergangs finden wir heute in der Privatisierung von Militäroperationen, wie sie von der US-amerikanischen Regierung seit 30 Jahren durchgeführt werden.

Um das Phänomen zu verstehen, sollten wir uns einen Augenblick mit Erik Prince beschäftigen, einem *condottiere* unserer Zeit. Der Gründer von Blackwater, dem weltgrößten »privaten Militärunternehmen« (PMC), hat von Operationen der US-Armee auf der ganzen Welt profitiert. Je öfter Washington in den Krieg zog, umso mehr Geld verdiente Erik Prince. Allein 2007 unterschrieb er Verträge mit dem Staat im Wert von über einer Milliarde Dollar. In jenem Jahr war Blackwater mit einer Truppe von 1200 Männern im Irak vertreten, obwohl dort nicht weniger als 177 PMCs tätig waren. Am 16. September tötete eines seiner Teams 17 Zivilisten auf dem Nisur-Platz im Zentrum Bagdads. Kurz nach diesem Massaker gewann Obama die Präsidentschaftswahl, womit wieder eine Form politischer Kontrolle Einzug hielt. Prince wurde zeitweise an den Rand gedrängt, entwickelte sich jedoch bald zu einer Schlüsselfigur in Donald Trumps Helferteam. Er traf sich sogar mit einem Putin-Vertrauten auf den Seychellen, um einen Kommunikationskanal zwischen der Entourage des Präsidenten und den russischen Autoritäten herzustellen und das Außenministerium zu umgehen. Er leitete Amtseinsetzungen im Pentagon und wählte Mitarbeiter von Behörden aus, die ihm später lukrative Verträge einbrachten. Die Umkehrung der Rollen ist spektakulär: Ein Privatmann stellt eine öffentliche Verwaltung zusammen, und zwar nicht irgendeine, sondern die für die Verteidigung des Staates zuständige. Erik Prince ist ein Söldner, der seine künftigen Arbeitgeber nominiert hat. Er ist die zeitgenössische Verkörperung von Machiavellis schlimmsten Albträumen.

Diese Albträume materialisieren sich im Herzen unserer Städte. Die immer stärker um sich greifende Verwischung von öffentlichem und privatem Raum führt zur kompletten Veränderung der Art, wie wir die Welt um uns herum wahrnehmen. Die *malls*, die großen Einkaufszentren, sind in vielerlei Hinsicht zu den wichtigsten sozialen Begegnungsstätten geworden. Ihre »Plätze« und »Straßen« sind oft stärker besucht als die wirklich öffentlichen Plätze und Straßen. Der Times Square im Herzen der westlichen Welt symbolisiert dieses Verwischen der Grenzen zwischen Allgemeinem und Besonderem auf beeindruckende Weise. »Die Kreuzung der Welt«, der berühmteste öffentliche Platz unseres Planeten, befindet sich im Besitz der Times Square Alliance. Dieses Konsortium garantiert dort Sauberkeit und Sicherheit, hat eigene Überwachungskameras, vertreibt die Obdachlosen und greift im Notfall ein. Kann ein solcher Raum noch als »öffentlich« bezeichnet werden? Lassen sich die politischen Implikationen der Privatisierung von Plätzen und Straßen messen? Ist eine Revolution in einem *lifestyle center* vorstellbar?

Man wird einwenden, dass es sinnlos ist, von physischen Räumen zu sprechen, während sich unsere Gesellschaft immer stärker virtualisiert. Das mag zutreffen, aber Facebook wirft letztlich dieselben Fragen und Probleme auf wie der Times Square. Dieser zentrale »Ort« der zeitgenössischen öffentlichen Debatte ist ein Wirtschaftsunternehmen. Kann aber eine Agora Privatbesitz sein? Das zweite Problem des beliebtesten sozialen Netzwerks ist sein Algorithmus. Der öffentliche Raum einer Republik kalkuliert mit zufälligen Begegnungen und der Konfrontation verschiedener Meinungen. Amerikanische Freunde haben mir anvertraut, dass sie auf Facebook noch nie auch nur einen einzigen Trump-Unterstützer getroffen hätten. Unsere neuen »öffentlichen Räume«, die in Wahrheit privat sind, schaffen die Illusion einer Gemeinschaft, kultivieren aber das getrennte Leben.

Der Fall Facebook ist erhellend, weil Mark Zuckerberg nicht nur ein Kind Reagans und Thatchers ist, sondern auch ein Produkt der Gegenkultur der 1960er- und 1970er-Jahre. Er ist das Ergebnis von 50 Jahren körperlicher und geistiger Emanzipation. Der Glaube, die Korruption des zivilgesellschaftlichen Geists und das Verschwinden der Grenzen zwischen Öffentlichem und Privatem seien nur aus dem Neoliberalismus entstanden, mag für Vertreter der Linken angenehm sein, aber er ist falsch. Unsere eigene ideologische Software hat in großen Teilen zu dieser Situation beigetragen.

DIE KINDER VON 1968

Wir alle sind Töchter und Söhne des Mai 1968. Wir sind geboren nach dem Sieg des Individuums über alles, was es am Denken, Leben und Vögeln hinderte. Und am Konsumieren. Nach dem Aufstand der Gesellschaft gegen den Staat. Nach der Rache der Gegenwart an Vergangenheit und Zukunft, also in einem Moment, in dem Zeit nicht mehr als Einschreiben eines Jeden in ein ihm vorausgehendes und ihm nachfolgendes Kontinuum begriffen wurde, dem er verpflichtet war. »Hier sind wir spontan«, stand prophetisch an der Mauer der Uni. Wir entgehen auch den räumlichen Zwängen und chatten mit einer Freundin in Singapur, während wir unsere Nachbarin ignorieren. Wir sind frei.

Wenn wir alle Kinder der 68er sind, bin ich zweifellos einer ihrer glücklichsten Söhne. Mein Leben ist von keinem der 68er-Exzesse berührt worden. Ich bin in einem offenen, aber ordentlichen Haus aufgewachsen. Die Atmosphäre war fröhlich und einladend. Man pflegte weder das splittergruppenhafte Linkssein, noch zählte man zur Kaviar-Linken. Als 1981 François Mitterrand gewählt wurde und die »progressiven« Intellektuellen anfingen, sich Funktionärswohnungen zu teilen, rief ein späterer Minister meinen Vater an und fragte ihn, wo er künftig leben wolle. Schockiert beschloss mein Vater, aus Paris zu fliehen. Wir zogen also nach Savoisy, ein 300-Seelen-Dorf im Burgund. Nach drei Jahren und einer Niederlage der Sozialistischen Partei bei den Gemeinderatswahlen kamen wir zurück. Unser Viertel, das 10. Arrondissement, war keineswegs arm, aber es war auch noch nicht das bürgerliche Paradies von heute. Meine staatliche Schule war weder gut noch schlecht. Meine Lehrer achteten zwar nicht besonders auf Ordnung oder Leistung, aber sie ließen uns auch nicht in Chaos oder Faulheit abgleiten. Ich war völlig frei, solange ich gute Noten hatte. Und höflich war.

Bei uns zu Hause gingen afghanische Kämpfer, algerische Feministinnen, antimarxistische Dissidenten aus Osteuropa und marxistische Oppositionelle aus Lateinamerika ein und aus. Die Welt saß bei uns im Wohnzimmer und übernachtete manchmal – zu meinem Leidwesen – sogar in meinem Zimmer. Ich las die Klassiker und hörte Rap, ohne dies im Geringsten als Widerspruch zu sehen. Mein Umfeld war proeuropäisch und ich erlebte die Einführung des Euro als Selbstverständlichkeit. Meine Bildung war kosmopolitisch; die Globalisierung erschien mir als Chance und nicht als Bedrohung. Damals schien die Welt nur Gutes für mich bereitzuhalten. Ich war für sie gemacht.

Dass ich heute so beunruhigt bin, ist deshalb alles andere als spontan. Ich bin auf der guten Seite der gesellschaftlichen und kulturellen Barriere geboren worden; ich gehöre zu denen, die mit den nötigen Instrumenten ausgestattet sind, um vom Lauf der Dinge zu profitieren. Nur indem ich aus meiner eigenen Situation heraustrat, konnte ich die Gewissheiten aufgeben, die zufällig mit meiner Geburt verknüpft sind. Das brauchte Zeit. Heute würde ich nicht mehr schreiben, was ich vor zehn Jahren geschrieben habe, als ich noch an die unaufhaltsame Ausbreitung des westlichen Demokratiemodells glaubte und die reaktionäre oder konservative Kritik am liberalen Individualismus überging. Heute hätte ich andere, tiefer gehende Zweifel, wenn ich mit meinem Vater über das Vermächtnis seiner Generation diskutieren würde, und ich werde immer bereuen, dass ich die Unterhaltung, die ich mit ihm hätte führen können und müssen, nie geführt habe.*

Ich hoffe, ich hätte die gleichen Vorstellungen mit der gleichen Kraft und Ernsthaftigkeit vertreten wie meine Eltern, wenn ich an ihrer Stelle gewesen wäre. Aber wir befinden uns nicht am selben Ausgangspunkt, und die Frage nach dem Ausgangspunkt ist grundlegend. Unsere Eltern sind in einer von Sinnhaftigkeit gesättigten Zeit geboren worden, voller Dogmen und Mythen, ob rechts oder links, revolutionär oder traditionell. Um ein würdiges und freies Leben zu führen, mussten sie die Fesseln sprengen, die sie physisch und intellektuell umgaben. Wir aber sind in einer Welt geboren, deren Problem nicht ein Zuviel an Ideologie ist, sondern das Gegenteil: die Leere.

Für die Kinder der Leere bedeutet die Suche nach einem würdigen und freien Leben, Verbindungen zu knüpfen, statt Fesseln zu sprengen. Oder zu verstehen, dass gerade das Fehlen von Verbindungen die Fessel ist, derer wir uns entledigen müssen. Unser Horizont bleibt die Emanzipation, aber wir geben dem Begriff einen anderen Sinn und müssen einen anderen

---

* Dass diese Unterhaltung nicht stattgefunden hat, ist allein meine Schuld. Wir haben unablässig diskutiert, und nie ist mir ein Mann begegnet, der anderen besser hätte zuhören können. Er hat ganze Abendessen damit verbracht, jenen zuzuhören, die etwas zu sagen hatten, was für einen Pariser Intellektuellen an ein Wunder grenzt. Aber ich war damals nicht bereit, ich hatte mich noch nicht von mir selbst gelöst. Und als sich meine Software endlich veränderte, als mein Erstaunen über die Welt um mich herum meine vorherigen Gewissheiten ins Wanken brachte, trennten uns Tausende von Kilometern. Später wurde die geografische Entfernung durch seine Krankheit abgelöst. So muss ich dieses Gespräch also ohne ihn führen.

Weg einschlagen, um ans Ziel zu gelangen. 1970 war Matthäus' Hocker die Aufforderung an einen »Linksintellektuellen«, mit dem marxistisch-leninistischen Katechismus zu brechen, Solschenizyn zu lesen und selbst denken zu lernen. 2018 aber ist er die Aufforderung, die postideologische Leere hinter sich zu lassen, die ihn umgibt und erfüllt. Es geht darum, sich unserer Zeit und unserem Ort gegenüber angemessen zu verhalten, zu denken und zu handeln. Wir müssen uns allerdings darauf einigen, was wir unter »angemessen« verstehen.

Bedeutet seiner Zeit angemessen sein, sich dem Lauf der Dinge anzupassen und die Entwicklungen hinzunehmen? Oder genau das Gegenteil: Heißt es, sich gegen den Strom der Dinge zu stellen, die sich »natürlich« entwickeln, um so eine Art Gleichgewicht aufrechtzuerhalten? Die Bedeutung eines Wortes mag nebensächlich erscheinen, aber manchmal generiert oder dokumentiert sie entgegengesetzte Visionen von Welt und Staat. In der Frage, welchen Sinn man dem Wort »Angemessenheit« verleiht, sind deshalb gewissermaßen alle Unterschiede zwischen mir und einem anderen Kind von 1968 zusammengefasst – Emmanuel Macron.

Seine »progressistische Revolution« hätte mich verführen können, denn sie bietet ein schönes Bild: Ein Vertreter meiner Generation lehnt sich gegen die alten Parteien, Logiken und Vorstellungen auf, singt das Hohelied des Wohlwollens, verteidigt die offene Gesellschaft, erliegt nicht der Versuchung, Sündenböcke zu finden, beglückwünscht Angela Merkel zur Aufnahme der Flüchtlinge, entwirft einen »girondistischen Pakt« für Frankreich, verspricht das Ende des Hausarrests, will das schlafende Europa aufwecken, kennt die Klassiker und spricht doch die Sprache unserer Zeit. Woher also kommt das Misstrauen, das ich spüre, seit er auf der politischen Bühne erschienen ist?

Bestimmt nicht von einer Sakralisierung der im Sterben liegenden Linken, die in meinen Augen schon lange Félicités ausgestopftem Papagei aus Flauberts Erzählung *Ein schlichtes Herz* ähnelt – einem von Würmern zerfressenen Totem. Mein Misstrauen entspringt auch nicht einem pawlowschen Antiliberalismus oder einem grundlegenden Anti-Elitismus (wie Macron war ich auf dem Lycée Henri-IV und habe später an der Sciences Po studiert). Vielmehr gründet es in der einfachen Frage, wie eine unserer Epoche angemessene Politik gelingen kann, die auf die Probleme unserer Zeit antwortet. Und in der sich daraus ergebenden, umfassenderen Frage: Was ist Politik?

Der Kandidat Macron versprach, Frankreich an die Welt anzupassen, Energien freizusetzen, das Joch abzulegen, die Gesellschaft flexibler zu machen, die Ideologien hinter sich zu lassen, vermittelnde Instanzen zwischen Staat und Gesellschaft zu überspringen, den Einzelnen zu emanzipieren. Kurz, er versprach, die Entwicklungen der Welt offen statt im Verborgenen und freudig statt verschämt anzunehmen. Seine Form der »Angemessenheit« ist ein enthusiastischer Konformismus. Wir befinden uns in einer Epoche der Deregulierung? Deregulieren wir! Die Individualisierung ist auf dem Siegeszug? Individualisieren wir! Parteien, Gewerkschaften etc. sind in der Krise? Wenden wir uns von ihnen ab! Macron nimmt gern den Begriff »disruptiv« für sich in Anspruch, doch was ist disruptiv daran, sich dem Zeitgeist dermaßen zu beugen?

Wenn ich ihn hörte oder seine Texte las, war mir von Anfang an klar, dass er und ich nicht das gleiche Verhältnis zur Politik haben. Er glaubt, Politik solle die zeitgenössischen Entwicklungen begleiten und verstärken. Ich dagegen bin sicher, dass sie kontrazyklisch sein muss, dass ihre Aufgabe darin besteht, den Lauf der Dinge zu korrigieren oder umzukehren. Während ich ihn mit all seinem Talent im Wahlkampf beobachtete, dachte ich, er hätte zwischen dem Studium an der ENA und der Arbeit bei der Rothschild Bank eine Weile in den Vorstädten dieser Welt verbringen und begreifen müssen, dass das, was er und ich gelernt haben, nicht unbedingt funktioniert und dass dem geistigen Programm, das wir beide geerbt haben, ein grundlegendes Problem anhaftet.

»Ihr seid Zehntausende und ich sehe nur ein paar Gesichter ...«: Der feierliche Gang über den Hof des Louvre und die ersten Worte, die er am Wahlabend vor der gläsernen Pyramide sprach, waren ein reines Konzentrat des Macronismus. Der junge Präsident sprach zu einer Vielzahl von »Ichs«. Man hatte wirklich den Eindruck, er spreche zu jedem Einzelnen von uns. Das ist seine Stärke. Aber auch seine Schwäche. Weil er die individualistische Revolution bejaht, kann er nur ein »Wir« schaffen und seiner Funktion Sinn verleihen, indem er die eigene Autorität in Szene setzt. So erklärt sich die hochtrabende Inszenierung der ersten Regierungsnacht. Politik wird zum Spektakel. Je geringer die Macht ist, umso stärker muss sie demonstriert und ausgesprochen werden.

Emmanuel Macron ist zu intelligent, um sich nicht über die Leere Sorgen zu machen, die unsere Demokratien zerfrisst, er begreift, wie absolut notwendig es ist, dem politischen Artefakt den sprichwörtlichen Adelsbrief zurückzugeben. Doch statt das republikanische Projekt zu erneuern, rehabilitiert er eine monarchistische Ästhetik. Glaubt man ihm, verfolgt uns noch immer der abgehackte Kopf Ludwigs XVI., in dem er auch den Grund für diese Leere sieht. In *Le 1* vom 8. Juli erklärte er: »Die Demokratie ist immer noch unvollständig, weil sie sich selbst nicht genügt. ... In der französischen Politik ist dieses fehlende Element die Figur des Königs, dessen Tod, davon bin ich tief überzeugt, das französische Volk nicht gewollt hat. Der Terror hat eine kollektive emotionale Leere erzeugt: Der König ist nicht mehr da! Danach hat man versucht, diese Leere mit anderen Figuren zu füllen. Das gilt insbesondere für die Zeit Napoleons oder de Gaulles. Den Rest der Zeit über hat die französische Demokratie diese Leerstelle nicht geschlossen. Das sieht man gut an der ständigen Diskussion um die Figur des Präsidenten, die wir seit General de Gaulles Abschied führen. Nach ihm hat sich die Figur des Präsidenten normalisiert, und das machte wiederum einer neuen Leere im Zentrum des politischen Lebens Platz. Vom Präsidenten der Republik wird aber erwartet, dass er diese Leere füllt.«

Emmanuel Macron will statt der Aufgabe lieber die Funktion – und die damit einhergehende Fiktion – wieder herstellen. In seinen Augen ist François Hollande nicht daran gescheitert, dass er Roosevelt sein und der Demokratie mit einem New Deal einen neuen Sinn verleihen wollte, sondern weil er nicht versucht hat, Ludwig XIV. zu imitieren. Macrons Antwort auf die Krise der öffentlichen Autorität ist also formaler Natur. Er steht eher für eine Ästhetik als für eine Politik. Die Rückkehr zur Symbolik de Gaulles und Mitterrands, das stolze Twittern eines Videos, in dem ein unhöflicher Jugendlicher in die Schranken gewiesen wird, nächtliche Besuche in der Basilika der französischen Könige: All das ist logisch.

Je mehr sich der Staatslenker an Spielregeln hält, die nicht er aufstellt, sondern die Märkte, umso mehr übernimmt er die Allüren eines Demiurgen, der er doch eigentlich nicht sein will. Für einen Mann, der sich über seinen Platz in der Geschichte so viele Gedanken macht, wirkt das paradox, aber Emmanuel Macron fehlt es an politischem Ehrgeiz. Genauer gesagt: Es fehlt ihm an Ehrgeiz für die Politik. Mussten Léon Blum oder Franklin D. Roosevelt, die wirklich neuartige Projekte vorantrieben, griechische Götter imitieren, an Könige erinnern oder Vorpubertäre niedermachen, um »disruptiv« zu erscheinen und ihre jeweilige Zeit zu prägen?*

Die Suche der Kinder der Leere nach Sinn und Transzendenz kann durch eine Ästhetik nur teilweise und in sehr kurzlebiger Form beantwortet werden. Deshalb beruft sich Emmanuel Macron regelmäßig auf die Religionen. Der Gang durch den Hof des Louvre, die Rede vor der Pyramide und der Vortrag vor den Bischöfen am Collège des Bernardins hängen miteinander zusammen. Vor den Kirchenvertretern rief Macron die Katholiken zunächst auf, sich als Katholiken staatlich zu engagieren. Dann sicherte er ihnen zu: »Als Staatschef bin ich Garant der Glaubensfreiheit, aber ich bin weder der Erfinder noch der Verbreiter einer Staatsreligion, die die göttliche Transzendenz durch ein republikanisches Credo ersetzt.« Die Republik ist kein Cre-

---

* Die Bedeutung der Figur des »Chefs« verschleiert den Blick auf die Widersprüche der gängigen ideologischen Programme. Das trifft auf Macrons Jupiterismus genauso zu wie auf die charismatische Führungsfigur, deren Loblied die Schöpfer des »Linkspopulismus«, Chantal Mouffe und Ernesto Laclau, singen und deren französische Version Jean-Luc Mélenchon ist. Wie kann man Nationalisten und Internationalisten in einer Bewegung versammeln? Man braucht die Sprache und Autorität Mélenchons, eine Art bretonische Poetik, in der sich die Gegensätze vereinen und die Widersprüche sich auflösen. *La République en marche* und *La France insoumise* haben gemeinsam, dass sie nicht mehr von rechts oder links sprechen. Die Kluft, die unser Leben seit der Revolution von 1789 strukturiert hat, ist durch die Dichotomien »Volk – Elite« (*La France insoumise*) und »offene Gesellschaft – geschlossene Gesellschaft« (*La République en marche*) ersetzt worden. Das brachte jedoch nicht die erhoffte ideologische Klarheit und verwischte die Dinge sogar noch mehr. Also richtete sich die öffentliche Debatte gegen die »Chefs«, deren Rolle sie überbewertet. Es ist ein Spektakel und passt zu unserer Zeit.

do, der Laizismus keine Religion: Diese zwei Sätze wiederholt er ständig, und wir begreifen sie als Selbstverständlichkeiten. Aber in Frankreich sind sie keineswegs selbstverständlich. Für die Soldaten von 1793 und 1794 oder die Radikalen von 1900 war die Republik sehr wohl ein »Credo«: »Ein Franzose muss für sie [die Republik] leben/ Für sie muss ein Franzose sterben«, so der Refrain des Chant du départ [Abschiedsgesang], jener revolutionären Hymne von 1794, die noch in den Schützengräben des Ersten Weltkrieges gesungen wurde. In den Augen der Revolutionäre war die Republik der Versuch, die Menschen an etwas zu binden, das über sie hinausging und ihnen eine Verpflichtung war, sie als Gemeinwesen begründete und zugleich transzendierte – in Machiavellis Worten: eine »Zivilreligion«.

Wenn die Republik kein Credo mehr erfinden kann, muss sie die existierende Metaphysik anrufen, um den Durst der Bürger nach Transzendenz zu stillen. Anlässlich seines Treffens mit Papst Franziskus in Rom hat Macron deshalb verkündet: »In anthropologischer, ontologischer und metaphysischer Hinsicht brauchen wir die Religion.« Angesichts unserer immer stärker atheistischen und agnostischen Gesellschaft und der Tatsache, dass »die Europäer leben, als gäbe es Gott nicht« (Johannes Paul II.), fehlt dieser Aussage jede empirische Grundlage. Sie basiert nicht auf logischer Überlegung, sondern ist lediglich die Folge einer minimalistischen Vorstellung von Politik, wie sie die zeitgenössischen Liberalen pflegen: Weil die Politik keinen Sinn und keine Transzendenz mehr herstellen kann, brauchen wir Monotheismen.

Ohne ein großes Projekt, das ihre Existenz legitimiert, verlieren Staatslenker ihr Ansehen. Sie werden immer schneller unbeliebt. Jacques Chirac, Nicolas Sarkozy und François Hollande haben den Gipfel ihrer Unbeliebtheit jeweils bereits im zweiten

Amtsjahr erreicht. Das gilt auch für Emmanuel Macron, obwohl er besser kommuniziert. Viele Menschen halten die gesamte politische Klasse für eitel und wollen jetzt Vertreter der Mittelschicht, Menschen aus dem »echten Leben« an der Macht sehen. Macrons Bewegung »*La République En Marche*« (LREM) hatte diese Tendenz erkannt und für sich genutzt – zu Recht, denn eine Erneuerung ist notwendig und Endogamie eine Bedrohung für die Demokratie. Das Versprechen von 2017, die Exekutive und Legislative für die »Zivilgesellschaft« zu öffnen, war gut und sogar lebensnotwendig. Bliebe noch, sich über den Begriff »Zivilgesellschaft« zu verständigen …

Erneuerung und Öffnung haben in der Tat stattgefunden. Und das Ergebnis? Die Mitglieder von LREM stammen noch immer selten aus NGOs, Gewerkschaften oder Vereinigungen, dafür jedoch hauptsächlich aus der Wirtschaft. Die Zahl direkter Mitarbeiter des Präsidenten, die aus großen Privatunternehmen kommen, ist in der Geschichte unseres Landes einmalig. Führungskräfte von MSC, Havas, DGM Conseil, L'Oréal, Areva, Morgan Stanley, Paribas, Heineken, Capgemini haben heute Zugang zum Élysée. Die Vertreter der Zivilgesellschaft, die in die Staatsführung aufgenommen worden sind, stammen aus höchsten Wirtschaftskreisen – und sie werfen die Frage auf, ob es im Umfeld der progressistischen »Revolution« nicht zu genau der »Korruption des zivilen Geists« kommt, vor der Machiavelli gewarnt hat. Unser Präsident scheint Matthäus' Hocker immer weiter ins Ungleichgewicht zu bringen.

Emmanuel Macron ist nur das letzte Beispiel dafür, wie blind die Vertreter der westlichen Eliten für die Gründe sind, die unsere Demokratien in die Krise gestürzt haben. Hillary Clinton hat gegen Donald Trump verloren, weil sie das Problem, das er zu seinem Anliegen machte, nicht einmal erkannt hatte. Gleiches gilt für Matteo Renzi, den italienischen Emmanuel Macron von vor fünf Jahren – im Kontrast zu Matteo Salvini oder Beppe Grillo. Wer die Auswirkungen der gesellschaftlichen Vereinzelung auf die Demokratie nicht versteht, hat der Flutwelle des Populismus nichts entgegenzusetzen. Rein kosmetische Eingriffe werden daran nichts ändern – wir brauchen eine echte intellektuelle und philosophische Revolution.

2. AKT
DAS POLITISCHE LEBEN

DIE DEMOKRATISCHE AUTORITÄT

Julie ist eine junge Grundschullehrerin. In ihrer ersten Klasse sind 23 Schüler. Drei sind den anderen voraus und können schon perfekt lesen, 13 reagieren mehr oder weniger gut auf das Schulsystem, und sieben haben große Schwierigkeiten.

Julies Aufgabe ist eine Herausforderung. Die Gesellschaft verlangt von ihr, dass sie den ersten drei Schülern die Möglichkeit gibt, sich zu entfalten und die letzten sieben daran hindert, zurückzubleiben. Allen soll sie das Gleiche beibringen. Julie lernt, mit unseren paradoxen Erwartungen zu jonglieren.

Der Zeitgeist hat ihr zu verstehen gegeben, dass sie die Begabtesten auf keinen Fall bremsen darf. Sie sind die berühmten »Seilersten«, deren Erfolg den anderen als Beispiel und Ansporn dienen soll. Die Voraussetzung dafür ist natürlich, dass es dieses Seil überhaupt gibt. Um ein solches Seil zu erschaffen, versucht Julie, ihren Schülern das Bewusstsein zu vermitteln, Teil einer Klasse zu sein. Geduldig sorgt sie für eine »Umverteilung« von Talent und Wissen, eine Art Durchmischung, indem sie Schüler verschiedener Leistungsstufen in Fünfer- oder Sechsergruppen zusammenfasst. Mit geschickt dosierten Zwängen und Anreizen erzeugt sie unter den Kindern das Gefühl der Solidarität jenseits persönlicher Erfolge oder Misserfolge.

Mit der Gesellschaft verhält es sich wie mit Julies Schulklasse. Die Ungleichheiten können nicht alle ausgeglichen werden, und jeder muss die Möglichkeit haben, sich zu entfalten. Aber das Seil und das Kollektivbewusstsein entstehen manchmal auf Kosten individueller Bedürfnisse und Interessen. Damit trotz der Ungleichheiten ein Volk, ein Gemeinwesen, entsteht, bedarf es eines gemeinsamen Horizonts und einer ausgewogenen Verteilung der Einkünfte. Die Politik ist das Konstrukt, das dieses Seil herstellt, den Horizont schafft, die Umverteilung organisiert und so die Existenz einer Nation ermöglicht. Eine Gesellschaft ohne Politik ist wie die Schulklasse ohne Julie: das pure Chaos. Die Aufgabe einer Lehrerin ist schwierig, die der politischen Autorität ist es umso mehr, denn sie erstreckt sich nicht auf Kinder, sondern auf Erwachsene, die deren Programme selbst verfassen und permanent hinterfragen.

Schule wie Staat müssen sich jede Form der Bevorzugung untersagen. Wenn Julie sich am liebsten mit ihren drei besten Schülern beschäftigt, verliert sie die Kontrolle über die anderen. Konzentriert sie sich zum Nachteil der gesamten Seilschaft und des Seils selbst auf die Entwicklung der »Seilersten«, riskiert sie, dass die Klasse als Ganzes ins Chaos abgleitet. Das käme für niemanden überraschend. Warum wundern wir uns also über die Erschütterungen, die die Populisten verursachen? Schließlich stellen sich unsere Staatslenker derzeit auf die Seite der Begünstigten. Warum wundern wir uns über die wachsende Verachtung gegenüber der öffentlichen Autorität? Sie hat die Idee einer gerechten Neuorganisation der Gesellschaft schließlich aufgegeben. Sie nimmt die Aufgabe, die wir ihr anvertraut haben, nicht mehr wahr und gibt sich mit Selbstinszenierung zufrieden.

DAS ENDE DES REGIERENS

Die Welt ist »komplex«. Diese Erkenntnis ist nicht neu, aber wahrer denn je. Die technische Revolution, die Globalisierung der Wirtschaft, die Verflechtung internationaler Verträge, die europäischen Regelungen und nationalen Gesetze verlangen ein so hohes Maß an Wissen und Kompetenz, dass unsere politische Führungsriege das tatsächliche Regieren unserer Staaten mehr und mehr Experten übertragen hat. Unsere Volksvertreter stehen auf der Bühne, halten Reden, lassen sich wählen und sorgen für den Fortgang der Vorstellung, während die Technokraten das Wissen haben, regieren und hinter den Kulissen agieren.

Diese neue Rollenverteilung zeigt sich sprachlich im Wechsel vom Begriff »Regieren« zu »governance« (Amtsführung). Als ich Politikwissenschaften studiert habe, waren »good governance« und »global governance« Schlüsselbegriffe. Doch was ist eigentlich *governance*? Im Grunde ist es Regieren ohne Politik. Ohne Demokratie. Eine Regierung der Experten – genau das, was die Menschen heute ablehnen.

In *Génération Gueule de bois* [Generation Katerstimmung] habe ich einen hohen europäischen Funktionär porträtiert, der von oben herab über die nationalistischen Strömungen auf dem Kontinent sprach: »Wir werden trotzdem weitermachen.«[8] Einige Wochen nach dem Erscheinen des Buchs schrieb er mir eine E-Mail: »Ich verstehe Ihr Bedürfnis, meine Aussagen im Dienste Ihrer Argumentation zu karikieren. Aber ich habe mich keineswegs über die Demokratie lustig gemacht. Ich habe nur darauf hingewiesen, dass wir derart komplexe Probleme zu regeln haben und es mit gleichermaßen komplexen Prozessen tun müssen. Es ist deshalb unmöglich, konstant die Meinungsentwicklungen einzubeziehen. Die Politikerinnen und Politiker erledigen oder erledigen nicht ihre pädagogische Aufgabe, und wir erledigen unsere, nämlich, die Maschine am Laufen zu halten. Es steht Ihnen frei, unsere undankbare Aufgabe zu verurteilen, aber sie wird dadurch nicht weniger wichtig. Denn wenn wir aufhören, kommt mit uns alles andere zum Stillstand.«

Er hat recht. Die Technokraten der Europäischen Kommission sind die Einzigen, die wissen, wie die »Maschine« funktioniert, und die Einzigen, die sie in Schwung halten können. Wir brauchen sie. Ohne sie würde alles zusammenbrechen, zumal sie oft bestens ausgebildet sind und gute Absichten haben. Die Direktiven, die sie in ihren Brüsseler Büros verfassen, sind oft progressiver als die nationalen Gesetzgebungen. Das ändert jedoch nichts dran, dass Einzelne, die wir nicht gewählt haben, deren Wissen unseres und das unserer gewählten Politiker übersteigt und die nicht selten eine uns unverständliche bürokratische Sprache sprechen, unsere Gegenwart und Zukunft formen. Ist es »populistisch«, den demokratischen Charakter eines solchen Systems zu hinterfragen? Die großen politischen Ziele der EU werden zwar auf den europäischen Gipfeltreffen von den Staatschefs oder von gewählten Regierungen festgeschrieben. Aber in den vielen Monaten zwischen solchen Gipfeln verfassen die Experten die Richtlinien und überwachen deren Einhaltung – sie regieren.

Wie die meisten proeuropäisch eingestellten Menschen habe ich diese Situation immer als eine Übergangsphase verstanden. Ich habe mich darauf beschränkt, den mangelnden Ehrgeiz der führenden Politiker zu kritisieren, die das europäische Projekt auf halbem Weg vor sich hin vegetieren lassen. Ich habe die Fehler der EU als supernationale Technokratie ohne föderale Demokratie analysiert und dabei nur ihre Unvollkommenheit gesehen. Nie habe ich jedoch ernsthaft über folgende Hypothese nachgedacht: Vielleicht ist dieser postpolitische Zustand nicht das Ergebnis fehlender Entscheidungen oder mangelnden Willens, sondern er ist eine Entscheidung, er ist gewollt? Könnte der momentane Zustand – eine Zentralbank und eine Währung ohne Regierung, ein Konglomerat von Normen und Regeln ohne eindeutige, repräsentative politische Autorität – etwas anderes sein als eine bloße Etappe? Könnte er ein Modell sein?

Ich habe das Werk des Anthropologen Pierre Clastres gelesen, studiert und kommentiert. An der Universität habe ich eine Schrift mit dem Titel *La société contre l'État* [Gesellschaft versus Staat] verfasst. Ich weiß, dass man ein gesellschaftliches Phänomen, das mit unseren Vorurteilen kollidiert, nicht nur aus der Perspektive des Mangels betrachten darf, sondern ihm positiv begegnen muss. Clastres zeigt, dass die amerikanischen Indigenen, die von den meisten westlichen Anthropologen als »vorstaatliche« Gesellschaften beschrieben werden, in Wahrheit so organisiert waren, dass sie die Herausbildung eines Staates als vertikaler, von ihnen getrennter Kraft verhinderten. Sie lebten ohne Staat, aber keineswegs ohne Politik. Ihre Politik war antistaatlich. Damit hatten sie ein anderes Modell als wir, aber keineswegs eine unvollständige Version unseres Modells. An diese Dezentrierung nach Clastres habe ich immer wieder gedacht. Nur nicht hinsichtlich der europäischen Frage.

Ich habe mich geweigert, in der Funktionsweise Brüssels etwas anderes zu sehen als eine vordemokratische Phase, als hätte ich Clastres nie gelesen. Und ich bin nicht der Einzige. Die schönen Reden von Emmanuel Macron in Athen oder an der Pariser Sorbonne sagen stets: Wir sind mitten auf dem Weg stehen geblieben, weil es uns an Ehrgeiz, Mut und Willen fehlt, und wir müssen diesen Ehrgeiz, Mut und Willen wiederfinden, um unseren Weg nach vorn endlich fortzusetzen. Zu keinem

Zeitpunkt ist hier von der Möglichkeit die Rede, dass dieser nach- oder vorpolitische Zustand entweder die Vollendung einer antipolitischen oder einer antidemokratischen Logik sein könnte.

Um uns das vorzustellen, müssen wir verstehen, wie das gegenwärtige europäische Modell mit dem deutschen Modell zusammenhängt – jenseits aller Karikaturen, die manche Mitglieder unserer politischen Führungsriege gerne kolportieren. Um die EU zu verstehen, müssen wir Deutschland verstehen. Nicht ein abstraktes, »ewiges« Deutschland, sondern das Nachkriegsdeutschland, das zum Großteil dessen Antithese ist. Was häufig als »deutsches Europa« bezeichnet wird, ist nicht die Fortsetzung des bismarckschen Projektes oder gar ein »Viertes Reich«. Es ist das Gegenteil. Jean-Luc Mélenchons diesbezügliche Aussagen sagen mehr über seine eigene Deutschland-Phobie aus als über Europa oder Deutschland selbst. Die Unabhängigkeit der EZB, die Austeritätspolitik, die Normativität, die fehlende Konkretheit, das Brüsseler Politik- und Demokratiedefizit entspringen nicht etwa einem alten germanischen Imperialismus, sondern dem, was nach 1945 folgte: einem radikalen Misstrauen gegenüber Ideologien, Rechtskult, einer Religion der Regeln und Expertisen sowie der Angst vor den Emotionen der breiten Masse.

Alle Institutionen der Bundesrepublik waren daraufhin ausgerichtet, eine Rückkehr des Nationalsozialismus unmöglich zu machen. Das *Volk* hatte die Menschenrechte mit Füßen getreten und die Welt in den Abgrund gestürzt. Nun musste seine Souveränität mit einer Vielzahl von Sicherheitsmaßnahmen eingehegt werden, damit das (stabile, rationale) Recht über dem (instabilen, irrationalen) Willen stehen konnte. Und weil man die Hyperinflation der Weimarer Republik für den Aufstieg Hitlers mitverantwortlich machte, musste man den (inkompetenten, auf kurzfristige, wählerfreundliche Lösungen orientierten) Politikern auch den Zugriff auf das Geld versagen und es Experten anvertrauen, die nur von der Vernunft geleitet waren und langfristig an das Gemeinwohl dachten. So kam es zum deutschen Wirtschaftswunder, dem Wiederaufschwung einer am Boden liegenden Nation und dem Aufbau eines liberalen Landes auf den Ruinen des schlimmsten Tyrannenstaates der Geschichte. Dieses Modell wurde zunehmend zum Vorbild für Europa in seiner Gesamtheit. Nicht etwa, weil die Deutschen einen Plan verfolgt hätten, sondern weil die Franzosen sehr schnell keinen Plan mehr hatten.

Am 30. August 1954 lehnte eine (schon »souveränistische«) Koalition aus Gaullisten und Kommunisten in der Nationalversammlung die Gründung einer Europäischen Verteidigungsgemeinschaft (EVG) und die darin enthaltenen Keime einer demokratischen Föderation ab. Um das Projekt Europa zu retten, musste man nun einen anderen Weg einschlagen. Die Wirtschaft trat an die Stelle der Politik: Drei Jahre später wurden die Römischen Verträge unterzeichnet. Aus dem deutschen Misstrauen und der französischen Ablehnung entstand so die Institution »Brüssel«, wie wir sie kennen – sehr zur Freude der Märkte, die sich endlich von der staatlichen Kontrolle befreit sahen. Zum ersten Mal bildete sich ein gemeinsamer Raum der Rechte und des Austauschs ohne gemeinschaftliche politische Leitung. In diesem Sinne war das, was wir für einen kümmerlichen Überrest hielten, in Wahrheit ein Zukunftslabor.

Die *governance* der Experten ist heutzutage nicht mehr nur innerhalb der EU zu beobachten. Sie findet sich überall in der westlichen Welt. In *Der Zerfall der Demokratie* schildert Yascha Mounk, dass die von den föderalen Behörden verfassten Verordnungen im Verhältnis zu den von den Volksvertretern verabschiedeten Gesetzen in den Vereinigten Staaten inflationär zugenommen haben. 2007 beispielsweise verabschiedete der Kongress 138 Gesetze, während die Behörden 2926 Verordnungen beschlossen. Über diese Verordnungen haben die Bürger keine direkte Kontrolle, obwohl sie ihr Alltagsleben bis ins kleinste Detail bestimmen. Ob die Arbeit der Behörden uns gefällt oder nicht, ändert nichts an dem demokratischen Problem, dass nicht gewählte Instanzen diese Form von Macht ausüben.

Unsere liberalen Demokratien ähneln mehr und mehr Hegels »zivilen Bürgergesellschaften«: Gesellschaften, in denen die wichtigsten Figuren nicht Politiker und Bürger sind, sondern Ökonomen und Juristen. In einem erhellenden Artikel für AOC, »La démocratie introuvable« [Die unauffindbare Demokratie], vom 28. Juni 2018 analysiert David Djaïz die in unseren Staaten um sich greifende Spaltung von Wort (nach wie vor die Domäne der Politik) und Tat (mehr und mehr nicht politischen Ursprungs). In besonders auffälligem Maße gilt das für die verschiedenen internationalen Verträge, die unsere Staaten unterzeichnet haben. Die Staaten verpflichten sich damit, oft aus guten Gründen, für die Zukunft. Die Überwachung dieser Verpflichtungen übertragen sie supranationalen Instanzen. Aufgrund der Vielzahl dieser zunehmend invasiven und detaillierten Verträge werden viele Entscheidungen nicht mehr von Wählern oder gewählten Politikern getroffen, sondern von nicht gewählten Personen, die juristische Kontrolle ausüben. Es geht also nicht mehr darum, was die Bürger entscheiden, sondern darum, was sich zu den vorher geschlossenen Verträgen konform verhält. Die gleiche Logik wirkt im Inneren unserer Demokratien. Ihr Ergebnis ist die Reduktion der Politik auf ein Wortspiel ohne praktische Übersetzung: ein Spektakel.

David Djaïz bemerkt, es sei »kein Zufall, dass die Chefs der Zentralbank oder die Richter des EUGH sich selten äußern«, denn ihre Äußerungen hätten, anders als die der Politiker, Folgen. »Die Trennung von Wort und Tat bedeutet in Wirklichkeit die Trennung der Politik von der Macht.« Macht haben jene, die etwas wissen, etwas tun und dann schweigen, wenn die Sprechenden sich als ohnmächtig erweisen. So verlieren die politischen Worte ihre Substanz. Sie ähneln der Sprache der Schamanen, die Pierre Clastres beschreibt: Die Schamanen hielten sich, so Clastres, im Dorfzentrum auf und redeten ständig, ohne etwas zu sagen. Niemand hörte zu und ihre Worte verhallten nutzlos. Indem sie die absurden Worte der im Grunde also machtlosen Chefs ignorierten, haben einige indigene Gemeinschaften in Amerika verhindert, dass eine vertikale Macht überhaupt entstehen konnte. In den neoliberalen Gesellschaften mögen die Politiker sich für Jupiter halten, aber sie ähneln eher Clastres Schamanen als römischen Göttern.

Die Expertenregierungen sind ein echtes demokratisches Problem. Vor allem aber laufen sie der Geschichte völlig zuwider. Genau in dem Moment, in dem es kein Informationsmonopol mehr gibt und die sozialen Netzwerke und Realityshows uns den Eindruck vermitteln, wir könnten alles überall und immer mitentscheiden, will man, dass nicht gewählte Instanzen unser Leben formen, ohne dass wir darauf Einfluss haben. Das ist das Paradoxon unserer Zeit: politische Autorität für die Experten und *gleichzeitig* soll allen das Wort erteilt werden; eine Art Wissensaristokratie und *gleichzeitig* der Rhythmus der sozialen Medien. Das kann schlicht nicht funktionieren. Irgendwann werden die Bürger aufstehen und die Eliten zum Teufel schicken. So beginnt die Ära des Populismus.

»DIE KONTROLLE ZURÜCKEROBERN«

Das Schicksal der deutschen Parole »Wir sind das Volk« symbolisiert die Wende, die in unseren Staaten stattgefunden hat. 1989 verurteilten die Bürger der DDR mit dem Ruf »Wir sind das Volk« die Diktatur und bekannten sich zu den Prinzipien der liberalen Demokratie. Vor wenigen Jahren wurde daraus der Hauptslogan von Pegida, der Anti-Immigrationsbewegung, die genau diesen Prinzipien entgegensteht. Ausgerufen auf den gleichen Plätzen, bedeuten die gleichen Worte 30 Jahre später das Gegenteil. Das »Volk« definiert sich nun *gegen* statt *für* die demokratischen Institutionen.

Den Diskurs der extremen Rechten Europas auf eine Reihe ausländerfeindlicher Klischees zu begrenzen ist ein Fehler, der fatal für uns sein wird. Yascha Mounk hat auf einem Treffen der AfD in Offenburg mit Erstaunen erkannt, mit welch ausgeklügelten Methoden diese Partei die feindliche Übernahme des Demokratiebegriffs betreibt. Die Argumente der damaligen Parteichefin Frauke Petry seien schwer zu widerlegen gewesen, so Mounk. Ihr zufolge leben wir in einer »Halbdemokratie«, der man ihre ursprüngliche Bedeutung zurückgeben müsse, nämlich die Souveränität des Volkes. Als Beispiel zitiert sie die Schweizer Volksabstimmung über den Bau von Minaretten. Dies sei die Quintessenz des Gegensatzes zwischen Demokratie und Liberalismus und der erste Akt einer Rache der europäischen Völker an ihren Eliten.

Das Schweizer Referendum ist in der Tat emblematisch: Richter hatten den Bau eines Minaretts in Wangen bei Olten genehmigt. Zehntausende Bürger machten mobil und erreichten, dass ein Referendum durchgeführt wurde. Die Wähler entschieden schließlich, dass keine neuen Minarette gebaut werden dürften.

Alle Parteien außer der populistischen UDC hatten gegen das Verbot plädiert, und die Bürger entschieden sich doch dafür. Ein Grundprinzip unserer Demokratien (die Religionsfreiheit) wurde durch ein noch wichtigeres Grundprinzip (die Volkssouveränität) besiegt. Frauke Petry freute sich darüber. Man könnte sich darüber auch Sorgen machen. Muss man aber daraus schließen, dass Petrys Verweis eine schlechte Idee ist? Muss man aufhören, Demokrat zu sein, um die Freiheiten zu retten?

Die AfD hat sich, in Offenburg und anderswo, den zentralen Slogan der Brexit-Befürworter zu eigen gemacht: »die Kontrolle wieder erlangen«. Donald Trump, Matteo Salvini und Viktor Orbán gehen auf die gleiche Weise vor. Sie versprechen uns, *die Kontrolle* über unsere Grenzen, unsere Industrie, unsere Institutionen, unsere Staaten, unsere Länder, gar unser Schicksal *wiederzuerlangen*. Sie schmeicheln den niederen Instinkten und spielen mit Ängsten. Wenn wir ehrlich sind, müssen wir uns dennoch fragen, ob der Appell, die Kontrolle wiederzuerlangen, nicht legitim ist. Wozu dient der Staat, wenn wir die »Kontrolle« nicht mehr haben? Und haben wir sie tatsächlich? Wenn wir alles, was mit uns geschieht, Veränderungen verdanken, auf die wir keinen Einfluss haben, warum sollen wir dann wählen? Welchen Sinn haben Wahlen, wenn nicht gewählte Instanzen unser Leben bestimmen?

In seinen *Erörterungen über die erste Dekade des Titus Livius* definiert Machiavelli die republikanische Politik als das Versprechen, »das Schicksal zu unterjochen und ihm die Möglichkeiten zu nehmen, seine extreme Macht auszuüben« (II, 30). Das »politische Leben«, das den Bürger einer Republik vom Untertan des Königs unterscheidet, bedeutet, dass wir nicht bloße Figuren in einem von anderen geschriebenen Schicksal sind. Die Forderung der Demagogen nach Kontrolle nicht ernst zu nehmen, wäre das Gleiche, wie die Lektionen Machiavellis zu ignorieren: »Zu diesem Gegenstand sagten die Männer, die Florenz zwischen 1434 und 1494 regierten, es wäre nötig, alle fünf Jahre von der Regierung neu Besitz zu ergreifen; sonst wäre es schwierig, sie zu behaupten.«[9] Ein freies Volk zu sein erfordere also, in regelmäßigen Abständen *die Kontrolle wiederzuerlangen* oder *die Macht zurückzugewinnen*.

Statt lauthals zu protestieren, sollten wir den Brexit-Slogan also lieber wörtlich nehmen und ihn uns zu eigen machen, um ihm einen ganz anderen Sinn zu verleihen. Sonst gehen wir unter, und zwar zu Recht. Denn wer kann sich Demokrat nennen und einen derartigen Kontrollverlust akzeptieren, ein derartiges Ohnmachtsgefühl der *fortuna* gegenüber? Seit wann haben wir nicht mehr das Gefühl, *die politische Macht wirklich zurückgewonnen* zu haben? Linkswähler, die älter als 50 Jahre sind, hatten dieses Gefühl zuletzt 1981; danach ging es schnell bergab. Rechtswähler, die älter als 30 Jahre sind, hatten es zuletzt 2007, woraufhin es noch schneller verschwand. Weit jenseits populistischer Bewegungen wollen wir heute *die Macht zurückgewinnen*. Doch sind wir dafür bereit?

BÜRGER WERDEN

Das ist die Geschichte eines Mannes, der viele Jahre für dumm gehalten wurde und der die mächtigste Republik der Geschichte gründete.

Lucius Iunius Brutus wuchs unter der Herrschaft des letzten römischen Königs Lucius Tarquinius Superbus auf. Er wusste, dass das Vorspiegeln der Dummheit und der Anschein der Nutzlosigkeit in einer Tyrannei die einzigen Garanten für ein friedliches Leben waren, und gab vor, sehr einfach gestrickt zu sein, um weder Aufmerksamkeit noch Neid auf sich zu ziehen.

Nach der römischen Kriegserklärung an Ardea brach die adlige Oberschicht, der auch Brutus angehörte, zur Belagerung der Stadt auf. Die gelangweilten Patrizier sprachen über ihre daheimgebliebenen Frauen und fragten sich, ob diese ihnen wohl treu seien. Eines Tages verließen einige von ihnen die Front, um sich Gewissheit zu verschaffen. Die schöne Lucretia, Ehefrau von Brutus' Freund Collatinus, verbrachte ihre Zeit damit, melancholisch Wolle zu spinnen. Einstimmig erklärte man sie zur Tugendhaftesten von allen. Von so viel Reinheit verführt, kehrte Sextus Tarquinius, der Sohn des Tyrannen, wenig später zurück – und vergewaltigte sie. Lucretia rief daraufhin ihre Vertrauten zusammen, benannte den Täter und die Tat und erstach sich vor aller Augen. Diese Tat veränderte Brutus' Leben und den Lauf der Geschichte. Der vermeintliche Idiot hörte auf, sich zu verstellen, und verwandelte seine vermeintlich nutzlose Existenz in ein universelles Schicksal. In der *Römischen Geschichte* beschreibt Livius die wundersame Verwandlung des

Brutus zur politischen Führungsfigur folgendermaßen: »Während sie sich ihrem Schmerze überließen, hielt Brutus den von Blut triefenden Dolch, so wie er ihn aus Lucretiens Wunde gezogen hatte, vor sich in die Höhe und sprach: ›Bei diesem, ehe der Prinz es verunehrte, heiligreinen Blute schwöre ich, und nehme euch, ihr Götter, zu Zeugen, dass ich den Lucius Tarquinius, den Harten, mit seinem gottlosen Weibe und allen Kindern seines Stammes mit Feuer und Schwert und aller hinfort mir möglichen Gewalt verfolgen und nicht leiden will, dass weder sie, noch sonst jemand, über Rom König sei.‹ Dann reichte er den Dolch dem Collatinus, und so dem Lucretius und Valerius, die über die unerwartete Erscheinung staunten, wie aus dem Innern eines Brutus der neue Geist hervorgehe. Sie schwuren, wie er es ihnen vorsagte, und ganz aus ihrem Schmerze zur Rache umgestimmt, schlossen sie sich an den Brutus, der gleich auf der Stelle sie zur Umstürzung des Königthumes rief.«[10]

Der Mann Brutus mochte ein Idiot gewesen sein, aber der Bürger Brutus brachte ein Volk hinter sich, zettelte eine Revolution an, übernahm die Führung einer Armee und besiegte Tarquinius' Truppen. Als Konsul löste er später eine monarchistische Verschwörung auf und entdeckte, dass seine Söhne Titus und Tiberius darin verwickelt waren. Er verurteilte sie daraufhin zum Tode und war Zeuge bei ihrer Hinrichtung. Seine Kinder wurden an Pfeiler gefesselt, ausgepeitscht und geköpft. Nach ihrem Tod belohnte er den Sklaven, der sie verraten hatte, indem er ihn in den Rang eines freien Bürgers jener Republik erhob, die er auf Kosten der eigenen Familie gegründet hatte.

NICHT MEHR MAN SELBST SEIN

Machiavelli erwähnt in den *Discorsi* das »in der ganzen Geschichte ... seltene Beispiel, dass ein Vater über seine Söhne zu Gericht sitzt und diese nicht nur zum Tode verurteilt, sondern auch ihrer Hinrichtung beiwohnt«.[11] Es sei sicherlich wenig sinnvoll, von allen Staatslenkern oder Bürgern die Tötung der eigenen Söhne als Nachweis des Engagements für die Öffentlichkeit zu verlangen. Aus dem Gleichnis des Titus Livius leitet Machiavelli vielmehr eine wichtige Lektion ab: Zwischen dem Privatmann und dem Staatsbürger gebe es keine harmonische Kontinuität. Im Gegenteil, der Übergang vom einen zum anderen setze einen gewaltsamen Bruch voraus, wie er in Brutus durch Lucretias Selbstmord ausgelöst worden sei. Indem der Privatmann zum Staatsbürger wird, stürzt er in eine andere Sphäre und gehört nun zuerst der Allgemeinheit und nur in zweiter Linie sich selbst. Als Konsul war Brutus weder Mann noch Vater. Staatsbürger zu sein bedeutete vor allem, Opfer zu bringen. Das haben wir heute völlig vergessen.

Präsident Barack Obama hatte auf seinem offiziellen Twitter-Account (@POTUS) eine Kurzbiografie veröffentlicht, die auf einen Blick zeigt, welch enorme Distanz zwischen uns und Brutus oder Machiavelli liegt. Dort stand zu lesen: »Barack Obama, Dad, husband and 44th President of the United States«. In dieser Reihenfolge. Obama verstand es perfekt, »die Funktion zu verkörpern«, aber er blieb doch zuallererst Vater und Ehemann. Die mächtigste und berühmteste öffentliche Person präsentierte sich uns zunächst als Privatperson. Obama wählte diese Hierarchie der Eigenschaften, von »Papa« bis »Präsident«, wohl nicht zuletzt, weil er wusste, wie sehr sie dem Zeitgeist entsprach.

Die *Erklärung der Menschen- und Bürgerrechte* nennen wir heute nur noch »Erklärung der Menschenrechte« und übergehen fast jedes Mal die »Bürgerrechte«. Dabei waren die Abgeordneten von 1789 keineswegs Freunde der übertriebenen Wiederholung. Sie wussten sehr genau, dass sie einen der wichtigsten Texte der Menschheitsgeschichte schrieben, und machten sich über die Wortwahl Gedanken. Mit der Formulierung »Bürgerrechte« betonten sie eine Tatsache, die seither aus dem Blick geraten ist: Mensch und Bürger teilen sich zwar einen Körper, sind aber nicht identisch. Meine Interessen als Mensch können meinen Verpflichtungen als Bürger widersprechen und umgekehrt. Im Geist der Revolutionäre von 1789 ist jeder Mensch aufgerufen, Bürger zu werden. Doch die beiden Dimensionen dürfen nicht verwechselt werden. So verlangt die Republik von jedem von uns eine Persönlichkeitsverdopplung, eine Art »Schizophrenie«, im wörtlichen Sinne – nämlich zugleich Mensch und Bürger zu sein.

Marxisten und Reaktionäre sind sich einig in ihrer Kritik an der Abstraktion des vom Privatmenschen getrennten Bürgers. Erstere sehen darin ein Feigenblatt für Interessen bestimmter sozialer Schichten, die Zweitgenannten die idealistischen Voraussetzungen des Terrors. Die Weigerung, an eine autonome politische Sphäre zu glauben, eint beide. Auf überraschende Weise eint sie damit auch Stephen Bannon und Lenin. Als Bannon, der Stratege der US-amerikanischen Alt-Right-Bewegung, gefragt wurde, was das Ziel des Trumpismus sei, paraphrasierte er stolz und ganz bewusst den bolschewistischen Staatschef: »Den Staat dekonstruieren.« Die kommunistischen Revolutionäre und die Konterrevolutionäre haben natürlich recht: Im strengen Sinn ist der Bürger eine Abstraktion. Ein Extrakt. Eine Gewalt, die dem Menschen angetan wird, der ich spontan bin und von dem die *res publica* verlangt, sich zurückzunehmen, um Teil der gemeinschaftlichen Regierung werden zu können. Der Bürger ist etwas Künstliches. Etwas Kontraintuitives.

Bei einem Vortrag Ende 2017 hat mir eine Dame ganz ruhig die – mindestens erstaunliche – Frage gestellt: »Herr Glucksmann, sind Sie Antisemit?« Ohne Kontext mag das verrückt erscheinen. Aber ich hatte mit dieser Frage gerechnet. Einige Minuten zuvor hatte ich einen scheinbar unzutreffenden Satz gesagt: »In Frankreich gibt es keine jüdischen Bürger.« Natürlich wollte ich damit nicht die Tatsache bestreiten, dass ungefähr 600 000 meiner hier lebenden Mitmenschen jüdischer Abstammung oder jüdischen Glaubens sind. Ich wollte darauf hinweisen, dass die Männer und Frauen jüdischer Herkunft oder jüdischen Glaubens sozusagen aufhören, jüdisch zu sein, wenn sie sich *als Bürger* äußern oder *als Bürger* handeln. Dass es also jüdische Männer und Frauen gibt, aber streng genommen keine jüdischen Bürger. Genauso wenig wie muslimische Bürger. Oder katholische. Oder schwule. Oder heterosexuelle.

Wer an das Gemeinwohl denkt, äußert sich nicht als Jude, Muslim, Vater oder Ehemann. Wenigstens sollte er versuchen, es nicht zu tun. Vielleicht ist es unmöglich, das zur Gänze zu schaffen. Aber der Versuch einer solchen »Dezentrierung« hat einen Eigenwert, selbst wenn er nicht vollkommen gelingt. Als Präsident der Französischen Sektion der Arbeiterinternationale hat Léon Blum sich nie als »Jude« geäußert. Es waren die Antisemiten, die ihn stets auf sein Menschsein zurückwarfen. Die rechtsextreme Presse titelte etwa: »Frankreich unter der Führung des Juden.« Doch Blum ignorierte diese Versuche oder antwortete politisch darauf – als Bürger, nicht als Jude.

Pierre Mendès France, ehemaliger Ministerpräsident der Vierten Republik, musste subtilere, aber nicht weniger klar antisemitische Angriffe ertragen und pflegte die gleiche republikanische Zurückhaltung. Wir können ermessen, bis zu welchem Punkt wir den Sinn für ein »Staatsbürgertum« verloren haben, wenn wir Meyer Habib betrachten. Er ist derzeit Vertreter der Auslandsfranzosen in der Nationalversammlung, veröffentlicht viele Selfies mit Kippa und macht seinen Glauben zum Hauptargument seiner Wahlkämpfe. Wir können den Verlust des Staatsbürgertums auch ermessen, wenn wir den Vertretern des neuen, multikulturalistischen Antirassismus zuhören, die das Streben nach »Farbblindheit« als scheinheilig ablehnen. »Der Mensch ist aber nicht blind«, sagen sie. Der Mensch nicht. Aber der Bürger schon.

Um den republikanischen Gedanken, dass Unterschiede keine Rolle spielen dürfen, in die Tat umsetzen zu können, müssen wir unerbittlich gegen jede Form von Diskriminierung vorgehen, jene gesellschaftlichen Waffen, mit denen man nach Hannah Arendt töten kann, ohne Blut zu vergießen. Ob sexistisch, antisemitisch oder rassistisch – Diskriminierung verhindert, dass die abstrakte Idee des Staatsbürgers konkrete Gestalt annehmen kann. Sie untergräbt die Republik. Wer mit 20-fach erhöhter Wahrscheinlichkeit von der Polizei kontrolliert wird, weil er ein junger Schwarzer oder Araber ist, hat unbestreitbar einen schwierigeren Weg in ein aktives und »blindes« Staatsbürgertum vor sich.[12] Wir müssen offenen wie latenten Rassismus bekämpfen. Aber wir müssen es *als Bürger* tun, und zwar alle, gleich, welchen Glaubens oder welcher Herkunft. Wenn Aktivisten gegen Islamophobie beispielsweise mit der »muslimischen Abstimmung« drohen, um sich Gehör zu verschaffen, billigen sie das Scheitern der Republik. Und tragen dazu bei.

Es geht hier keineswegs um den Traum von einer »Einheit des politischen Körpers«. Die Gesellschaft, die *res publica*, lebt von ihren trennenden Momenten. Aber Machiavelli unterscheidet zwei Arten von trennenden Momenten, von Spaltungen in der Gesellschaft, die gegensätzliche Folgen für die Republik haben. Die erste Form der gesellschaftlichen Spaltung ist verhängnisvoll; sie stellt Individuen oder Gruppen einander gegenüber, die sich jeweils selbst als Ausgangs- und Zielpunkt ihres politischen Handelns begreifen. Die zweite Form ist lebenswichtig; sie konfrontiert Bürger und Parteien miteinander, die um das Gemeinwohl streiten und sich generell einer gemeinsamen Perspektive verpflichtet fühlen. Öffentliche Opposition ist für das Gemeinwesen lebenswichtig; private Opposition kommt einem Kidnapping des öffentlichen Raums gleich und ist gefährlich.

Ich bin kein Antisemit. Und es gibt in Frankreich keine jüdischen Bürger. Dennoch gibt es jüdische Franzosen. In einer Republik sind Nationalität und Staatsbürgertum nicht deckungsgleich, selbst dann nicht, wenn sie das gleiche Ausmaß haben mögen. Der Mensch und der Bürger in mir sind Franzosen, aber sie sind es nicht auf die gleiche Art. Ich bin ein französischer Mensch, weil ich in Frankreich und/oder als Kind französischer Eltern geboren wurde. Ich bin ein französischer Bürger, weil ich zur französischen politischen Gemeinschaft gehöre und an der Regierung dieser Gemeinschaft durch sich selbst teilhabe. Würde die Republik abgeschafft und die Tyrannei zurückkehren, so bliebe ich ein französischer Mensch, wäre aber nicht mehr Bürger. Ich würde Untertan. Um zu demonstrieren, wie weit das Staatsbürgertum vom Ort oder der Zeit entfernt ist, in der ein Individuum zufällig geboren wird, kam während der Französischen Revolution der Gedanke auf, Sokrates zum französischen Bürger zu erklären. Soweit müssen wir sicher nicht gehen, aber wir müssen aufs Neue verstehen, welche Logik hinter diesem

Gedanken steht. Nur so können wir radikal begreifen, was Staatsbürgertum bedeutet.

Heute neigen wir zu sehr dazu, Mann sein zu wollen, und nichts als Mann. Oder Frau und nichts als Frau. Ohne unsere Persönlichkeit »verdoppeln« zu müssen. Natürlich würden wir unter keinen Umständen auf unser Wahlrecht verzichten, aber der Staatsbürger ist nicht nur Wähler und die Republik nicht nur das Ergebnis von Wahlen. Sie ist auch eine Form der Askese. Verzichten wir auf sie, so verzichten wir auf eine Suche, die unsere Geschichte und unser Staatswesen geprägt hat. Während der Hugenottenkriege etwa bildeten die sogenannten *Politiques*, gemäßigte Politiker beider Seiten, einen dritten Ort, ein Anderswo in dem man weder Katholik noch Protestant war. Aus dieser Entwicklung entstand der französische Laizismus. Er geht weit hinaus über das bloße Tolerieren dessen, was wir, jeder für sich genommen, als Menschen sind.

Wenn die Republik also nicht das *Credo* der Menschen als Menschen sein kann, so ist sie doch unbestreitbar das der Bürger. In den *Discorsi* sagt Machiavelli, eine freie Stadt könne ohne »Zivilreligion« nicht bestehen. Diese Behauptung mag an Macrons Loblied auf die Religionen erinnern, die wir »anthropologisch und ontologisch« benötigten – tatsächlich besagt sie das exakte Gegenteil. Machiavelli stellt Zivil- und Privatreligion einander gegenüber. Erstere verbindet die Bürger untereinander und bindet sie an den Staat. Die zweite stellt eine direkte Beziehung zwischen Gott und Mensch her. Es handelt sich um eine individuelle Heilssuche, um etwas Intimes, und stellt das private über das öffentliche Sein.

Im Christentum sieht Machiavelli eine Krücke, auf die sich jene »Bösewichte« stützen, die das Volk tyrannisieren, »denn sie sehen, dass die große Mehrheit der Menschen, um ins Paradies einzugehen, mehr darauf bedacht ist, Schläge zu ertragen als zu rächen«.[13] Machiavelli zufolge war das zu seiner Zeit praktizierte Christentum gegenüber der Republik nicht neutral, weil es den Menschen entpolitisierte und seine »Verwandlung« zum Bürger verkomplizierte. Indem man den Menschen einbläute, der Sinn des Lebens liege nicht im irdischen, sondern im Himmelsstaat, stellte man den Gläubigen über den Bürger. Es genügt also nicht, »Gott zu geben, was Gottes ist, und Cäsar zu geben, was Cäsars ist«: Die private Religion muss durch ein politisches Credo ausbalanciert werden. Gegenüber der Transzendenz der Monotheismen muss sich eine andere, durch den öffentlichen Raum hervorgebrachte Form der Transzendenz behaupten.

TENERE RICCO IL PUBBLICO, POVERE IL PRIVATO

Staatsbürger des 21. Jahrhunderts dürften sich von Machiavelli deshalb so stark angesprochen fühlen, weil er aus der richtigen Zeit und vom richtigen Ort stammt: Die italienischen Städte seiner Zeit durchlebten die gleichzeitigen und widersprüchlichen Logiken von Kapitalismus und Republik. Von Anfang an fragten sich die Vertreter des bürgerlichen Humanismus, wie sich verhindern ließe, dass das Geld die Herrschaft über den politischen Prozess übernimmt. Sollte man die Zurschaustellung des Reichtums in der Öffentlichkeit verbieten? Sollte man sogar Kleiderregeln aufstellen, um den öffentlichen Raum zu schützen? Würde der unermessliche Reichtum großer Clans wie der Medici die Entstehung einer unabhängigen politischen

Autorität begünstigen? Wie ließen sich persönliche Freiheiten und öffentliche Machtdemonstration ausbalancieren? Schon Machiavellis Zeitgenossen stellten sich diese Fragen, doch für uns sind sie dringender denn je: Kann die Demokratie gegen multinationale Konzerne bestehen? Höhlt die wachsende Ungleichheit durch das Erbrecht die Republik aus? Sollen private religiöse Symbole im öffentlichen Raum verboten werden? Muss man wieder Schuluniformen einführen, um Kleidungsmarken als Mittel gesellschaftlicher Distinktion auszuhebeln? Wie lässt sich die Privatisierung öffentlicher Güter verhindern?

Die Lektüre Machiavellis hält uns dazu an, diese Fragen kontraintuitiv zu beantworten. Seine Maxime »tenere ricco il pubblico, povero il privato«[14], also das Öffentliche reich und das Private arm zu halten, lässt uns heute, im 21. Jahrhundert, aufhorchen: Die individuelle Entwicklung ist ein Wesenskern unserer Zeit, und ich wünsche jedem Präsidentschaftskandidaten viel Glück, der den Menschen verspricht, er werde sie ärmer machen, um das Land zu bereichern. Dabei ist genau das der Sinn des republikanischen Steuerwesens: Der Staat macht die Einzelnen ärmer, um das Kollektiv zu bereichern. Er nimmt allen, um dem Ganzen zu geben, und verwandelt privates Wohl in Gemeinwohl. Eine Hand gibt, die andere nimmt, und im Wechsel von der einen (privaten) zur anderen (öffentlichen) Hand ändert das Gut sein Wesen. Schwierigkeiten mit der Erhebung von Steuern bekommt, wem die Verdopplung der Persönlichkeit nicht mehr gelingt: Wenn ich nicht mehr begreife, dass die öffentlichen Güter, die mich umgeben, mir *als Bürger* auch gehören, kann ich nicht mehr damit einverstanden sein, *als Mensch* ärmer gemacht zu werden.

Die Verwandlung qua Steuern wird heute oft nicht mehr verstanden, weil der Begriff des Gemeinguts selbst keinen Sinn mehr ergibt. Als der Finanzminister Bruno Le Maire der Société Nationale vorgab, die französische Bahn hätte »ausgewogen« und »so rentabel wie möglich« zu funktionieren, wandte er auf eine öffentliche Dienstleistung die Logik eines Privatunternehmens an. Niemand bestreitet, dass die SNCF effizient sein und den bestmöglichen Service zu möglichst geringen Kosten bieten sollte, aber ihr Ziel kann nicht »Ausgewogenheit« oder »Rentabilität« sein. Ihr Ziel ist ein völlig anderes, nämlich den Auftrag zu erfüllen, den die Öffentlichkeit ihr überträgt. Es geht hier nicht um die Notwendigkeit oder Sinnhaftigkeit der Bahnreform, sondern um die Art, wie über diese Reform nachgedacht und gesprochen wird. Sie illustriert die in der öffentlichen Debatte herrschende Verwirrung. Die viel zitierte *Start-up Nation*, die Regionalpolitiker zu »Managern« machen und sie zur Reduzierung der öffentlichen Ausgaben bringen will, ist der Endpunkt einer langsamen Veränderung des Denkens. Die Krise lässt sich auf diese Art nicht beenden, weil diese Veränderung ihr Symptom ist. Statt in der Politik die Praktiken von Google oder Uber nachzuahmen, gilt es vielmehr neu zu lernen, dass ein Staat kein Unternehmen ist.

DIE PHILOSOPHISCHE NOTWENDIGKEIT

Bei seinen Spaziergängen auf dem Marktplatz stellte Sokrates Reichen wie Armen, Schwachen wie Starken die gleichen »großen Fragen« (*ta megala*): Was ist das Gute? Wie definiert man das Gerechte? Auf welchen Prinzipien soll die Polis begründet werden? Er lud die Athener zu einem Perspektivwechsel ein und dazu, aus sich selbst herauszutreten. Heute würde Google ihn als »Philosophie-Coach« beschäftigen und ihn »realere« Probleme lösen lassen als das Gute, das Gerechte oder das Wahre.*

Sokrates' Dialoge endeten meistens in einer Aporie oder einer Sackgasse und könnten deshalb als wenig »rentabel« beurteilt werden. Warum sollte man so viel Zeit und Energie investieren, um schließlich bei einem »Ich weiß, dass ich nichts weiß« zu landen? Es wäre doch besser, konkrete Antworten auf konkrete Fragen zu geben. Oder sich auf die persönliche Entwicklung zu konzentrieren. Die *megala* verschwinden zugunsten von Myriaden kleiner Fragen, die uns beschäftigen, weil sie uns als Menschen interessieren. Da wir nicht wissen können, was das Gute an sich ist, suchen wir nach dem, was gut für uns ist. Uns beschäftigen die Begierden, Freuden, Leiden, Träume, Ursprünge und Ängste des Individuums.

Indem wir aber nicht mehr nach dem Guten, sondern nur nach dem persönlichen Wohlbefinden suchen, schwächen wir die Republik. Die Bedeutung von Sokrates für die athenische Demokratie bestand nicht in den Antworten, die man auf seine

---

* Das ist kein Scherz; bei Google gibt es diesen Posten wirklich. Man stellt Philosophen ein, die den Angestellten helfen sollen, neue Horizonte, neue Problemlösungen zu entdecken.

Fragen gab oder nicht gab, sondern in den Fragen selbst: Indem er sie stellte, forderte er jeden dazu auf, aus seiner persönlichen Situation herauszutreten. Das Ergebnis war weniger wichtig als der Weg dorthin. Mehr noch: Der Weg selbst war das Ergebnis, um das es ihm ging. Indem Sokrates alle Gesprächspartner zwang, über die *megala* zu diskutieren, formte er eine staatsbürgerliche Haltung. Er lud dazu ein, aus dem eigenen Selbst herauszutreten – die Voraussetzung dafür, dass eine echte öffentliche Debatte entstehen kann.

Heute kann in den sozialen Netzwerken jeder das Wort ergreifen und tut es auch. Das ist unbestreitbar ein Fortschritt. Aber um was genau zu sagen? Und von welchem Ausgangspunkt? Man spricht von sich, geht dabei von sich selbst aus und hat nur sich selbst im Blick. Endlich haben wir die Möglichkeiten, eine wirklich demokratische Debatte zu führen, an der alle Bürger teilnehmen können. Aber wir sehen auf dieser virtuellen Agora nur Männer und Frauen. Jeder, ob Schwarzer oder Weißer, Jude, Araber, Christ oder Muslim, Homo- oder Heterosexueller, Frau oder Mann, drückt sich als Schwarzer, Weißer, Jude, Araber, Christ, Muslim, Homosexueller, Heterosexueller, Frau oder Mann aus. Im *Phaidon* erklärt Sokrates das Philosophieren zu einer Übung im Sterben – das ist die Antithese zum Abfeiern des eigenen Lebens auf Instagram.

Sich selbst wieder das Sterben beizubringen ist die *conditio sine qua non* für den Ausweg aus der Gesellschaft der Einsamkeit. Ob Groß oder Klein, berühmt oder unbekannt, frei oder angestellt – ich bin dazu aufgerufen, mich von meinen Gewohnheiten, meinem Umfeld, meinen Verletzungen und Wünschen zu lösen, um Zugang zu einer Form des Universellen zu finden. Ich mache mich frei von meinen Vorurteilen, Gewissheiten und auch von meinem Erbe. Eine solche Askese macht es möglich, gemeinsam zu suchen, kollektiv über die Grundlagen des demokratischen Gemeinwesens nachzudenken. Deshalb müssen wir uns auch mit allen Mitteln für den Philosophieunterricht in den Schulen einsetzen. Der wichtigste Auftrag der Schule in einer Republik besteht nicht darin, perfekt für den Arbeitsmarkt geeignete Individuen zu produzieren, sondern Bürger, die fähig sind, zum Leben der staatlichen Gemeinschaft beizutragen.

Am Montag, dem 18. Juni 2018, dachte fast eine ganze Generation von Franzosen gleichzeitig über Fragen nach wie: »Kann man auf die Wahrheit verzichten?«; »Ist es nötig, Unrecht zu erfahren, um zu wissen, was Recht ist?«; »Können wir den technischen Fortschritt beherrschen?«; »Macht die Kultur uns menschlicher?«. Und zwar in der verpflichtenden Philosophieprüfung im Abitur in Frankreich. Dieses Ritual markiert auf gewisse Weise den Übergang von der Kindheit zum Erwachsensein und stellt zudem eine wichtige Etappe in der Entwicklung zum Bürger dar: Indem man sich diesen universellen Fragen gemeinsam stellt, lernt man, mehr zu sein als das, was man spontan ist.* Freudig oder schmerzlich begegnet man hier den sokratischen *megala*. Später vergisst man sie wieder, denn die Gesellschaft der Einsamkeit lässt sie uns aus den Augen verlieren. Doch hin und wieder erinnert man sich an diese Fragen und geht hinaus auf die Agora, um sie dort zu stellen. Das ist Politik im besten Sinne.

---

* Jedes Jahr nach Bekanntgabe der Themen habe ich mit meinem Vater darüber diskutiert. Als ich in Georgien, Algerien oder Ruanda war, zwar nur am Telefon, aber wir haben die Diskussion nie ausgelassen. Es war unsere Art, einer Republik die Ehre zu erweisen, die sich getraut hatte, die alten Katechismen durch die Philosophie zu ersetzen. Diese Stunden im Juni gehören zu den schönsten Erinnerungen, die mir von Glucks bleiben.

DER ÖFFENTLICHE ORT

Kiew, Ende November 2013. Im Herzen einer Hauptstadt war binnen weniger Tage aus dem Nichts eine Zeltstadt mit Krankenhaus, Verwaltung, Küche, Polizei und eigenen Regeln entstanden. Um die Zeltstadt herum wurden Barrikaden errichtet, Sondereinsatzkommandos sicherten die Gegend, auf den Dächern waren Scharfschützen positioniert. Der Maidan – das ursprünglich arabische Wort bedeutet auf Ukrainisch »Platz« – war zu einer Art selbstverwalteten Republik geworden. Alles drehte sich um Politik, obwohl die traditionellen Parteien dort nicht einmal das Stadtrecht hatten. Oder besser: weil sie dort nicht das Stadtrecht hatten.

Borschtsch kochen und über eine neue Verfassung nachdenken entstammten dort dem gleichen revolutionären Gestus. Das politische Anderswo, das sonst so abstrakt ist, wurde dort ganz plötzlich greifbar. Soziale Unterschiede lösten sich in Luft auf. Bauern aus den ärmsten Regionen der Ukraine lebten und arbeiteten mit Vertretern des Kiewer Großbürgertums zusammen, ohne sich noch durch ihre Kleidung zu unterscheiden – sie waren alle schlammbedeckt. Ihre riskante und gefährliche Präsenz auf diesem Platz zu diesem Zeitpunkt in der Geschichte glich einer Art Neugeburt – weit entfernt von der Gesellschaft der Einsamkeit.

Zumindest oberflächlich betrachtet. Denn der Bereich, auf den sich die Revolution geografisch erstreckte, war zweigeteilt – in ein Oben und ein Unten. An der Erdoberfläche war eine Stadt entstanden, in der es keine Währung gab und die täglich mehr Bewohner bekam. Unter der Erde glitzerte das schickste Einkaufszentrum der Stadt mit all den Luxusgütern, die man auch in den Pariser Nobelvierteln oder auf der New

Yorker Fifth Avenue findet. Sie verkaufen Taschen oder Schuhe, deren Preise die Monats- oder gar Jahreseinkommen der meisten Zeltbewohner um ein Vielfaches übersteigen. Oben der öffentliche Platz, unten die *mall* und zwischen den beiden eine Grenze, die kein Polizist bewacht und die doch niemand übertritt.

Ich habe die Revolutionäre gefragt, warum sie nicht nach unten gehen und ein paar Taschen klauen. Sie gaben alle ähnliche Antworten: »Ich fühle mich endlich frei und will dieses Gefühl nicht für eine Tasche aufs Spiel setzen«; »Wir können dieses Land nicht ändern, wenn wir die Oligarchen nachahmen, die es kaputtmachen, indem sie sich die Güter der anderen unter den Nagel reißen«; »Meine erste Tat in der neuen Ukraine wird nicht Diebstahl sein«. Der Philosophiestudent Alexej, Mitbegründer einer der ersten Selbstverteidigungsgruppen auf dem Platz, ging noch weiter: »Bei sich zu Hause macht jeder, was er will. Aber hier ist es etwas anderes. Hier gibt es kein Prada, Gucci, Chanel oder Vuitton mehr. Das Leben hier ist anders als dort, anders, als es vorher war oder danach sein wird. In gewissem Sinne ist das hier nicht das Leben, wie man es gemeinhin versteht. Es ist etwas anderes und geht in die Richtung der authentischen Existenz, von der Heidegger spricht – eine Existenz ohne Lüge oder Schleier, die die Begegnung mit dem eigenen Tod erlaubt. Und darin besteht eine Revolution. Wenigstens unsere. Wir befinden uns nicht mehr in derselben Welt wie das Einkaufszentrum. Prada und Gucci haben in unseren Augen plötzlich nicht mehr den geringsten Wert. Wir wissen nicht mehr, was eine Marke ist oder wie viel ein Geldschein wert ist. Das kommt später bestimmt wieder. Ich mache mir keine Illusionen: Die Armen werden in ihre Armut zurückkehren, die Reichen werden sie weiterhin ausbeuten und sich unten teure Taschen kaufen. Aber wir sollten dieses Wunder nutzen: eine Welt ohne Geld, ohne Marken, ohne Korruption. Eine Welt, in der selbst Paris Hilton sich nicht mit einer Chanel-Tasche blicken lassen würde. Nicht aus Angst, die Tasche könne gestohlen werden – wie du bereits bemerkt hast, wird hier nicht gestohlen. Sondern weil sie verstanden hätte, dass diese Tasche hier nichts nützt, sinnlos und deplatziert ist. Selbst Paris Hilton würde erkennen, dass wir hier auf dem Maidan-Platz alle nackt sind. Wie Adam und Eva. Kaum zu glauben, oder? Wir sind nackt, obwohl es minus 20 Grad hat!«

Der »nackte« Mann vom Maidan interessierte sich nicht mehr für das Einkaufszentrum. Er ging nicht einmal zum Aufwärmen dorthin, als wäre es draußen im Schnee weniger kalt als in den schicken, unterirdischen Einkaufsmeilen. Die Luxusgeschäfte schienen einer überkommenen Zeit anzugehören, die niemand vermisste. Wie der Tahrir-Platz in Ägypten, der Taksim-Platz in der Türkei, die Puerta del Sol in Spanien, der Zuccotti Park im New Yorker Finanzdistrikt und viele andere öffentliche Plätze, die weltweit besetzt wurden, stand der Maidan für die Rückkehr zu den Wurzeln der Demokratie. Der Bürger war hier nicht mehr nur der von seiner unmittelbaren Umgebung geformte Mensch und erlebte den Ursprung der Republik. Er löste sich von den Rahmenbedingungen des Möglichen und Unmöglichen, um sich an Sokrates' Stelle zu fragen, was das Gute, Rechte und Wahre sein könnte. Wie in der Geburtsstunde des Gemeinwesens.

»Wenn eine Republik lange bestehen soll, so muss man sie häufig zu ihren Anfängen [il suo principio] zurückführen«, so Machiavelli.[15] In seiner Sprache bedeutet der Begriff sowohl Anfang als auch Prinzip. *Al principio* von Rom tötete Romulus seinen Bruder. *Al principio* der Republik stach Brutus mit dem

Dolch zu. Ein Ereignis durchbricht die Ordnung der Dinge und eröffnet plötzlich viele Möglichkeiten. Der Anfang ist ein Moment der Unentschiedenheit, das Gegenteil unseres juristisch perfekt geregelten Universums. Er ist der Moment, der jener Ordnung Sinn verleiht, die uns allen selbstverständlich scheint. Die Rückkehr zum Ursprung, zur Essenz der Dinge, ermöglicht die Regenerierung der Republik. Machiavelli zufolge bedarf es dazu, problematischerweise, in regelmäßigen Abständen eines Krieges, einer Revolution oder mindestens eines Aufstands. Zwischen diesen sollten laut Machiavelli »nicht mehr als zehn Jahre vergehen, denn nach dieser Zeit beginnen die Menschen ihre Gewohnheiten zu ändern und die Gesetze zu übertreten«.[16]

Die Gewohnheit, das Gefühl der Normalität und die Gewissheit, die uns umgibt, machen unsere Republik zu einer leeren Hülle. Ein Gemeinwesen, das sich nicht mehr auf seine Ursprünge besinnt, lebt nicht mehr selbst, sondern wird gelebt und verkümmert. Es wird zu einem Ausstellungsstück im Wachsfigurenkabinett. Der französische Nationalfeiertag am 14. Juli zum Beispiel wird mit einem Feuerwerk und einer Militärparade gefeiert, doch weiß man, was die Einnahme der Bastille wirklich bedeutet? Zu den Anfängen zurückzublicken, das grundlegende Prinzip der politischen Institutionen zu hinterfragen, ist eine viel bessere Antwort auf die reaktionären Versuchungen in unserer Gesellschaft als unser fauler Progressismus. Nehmen wir doch all jene beim Wort, die die Rückkehr zu den »Wurzeln« predigen: Und kehren wir dorthin zurück. Aber wirklich bis zum Anfang, bis zu den tatsächlichen »Wurzeln«. Was finden wir *al principio*? Das absolute Gegenteil von Bewahren, nämlich eine Revolution. Statt stumpf nur das Vererbte zu erhalten oder sich passiv vom »Fortschritt« treiben zu lassen, muss ein Bürger sein Gemeinwesen in regelmäßigen Abständen neu gründen.

Eine solche Neugründung kann nicht im Privaten stattfinden – sie ist nur an einem öffentlichen Ort möglich. Der öffentliche Platz ist seit der Renaissance ein zentraler Punkt der städtischen Geografie und war schon immer ein politischer Ort, vielleicht sogar der entscheidende politische Ort. In Frankreich wurde er durch die absolutistische Monarchie ersetzt und stand nun, anders als in den italienischen Stadtstaaten, nicht mehr für die Macht des Volkes, sondern für die Staatsmacht. Unsere Revolutionen müssen also damit beginnen, dass die Bürger sich die öffentlichen Plätze zurückholen. Alle zeitgenössischen Aufstände sind um diese Plätze zentriert.

In liberalen Demokratien richten sich die Bewegungen, die auf diesen Plätzen entstehen, gegen die Privatisierung des öffentlichen Raums. In autoritären Regimen widersetzen sie sich gleichzeitig der Logik der Shoppingmalls und der Machthaber. So war es auf dem Maidan oder auch 2013 auf dem Taksim-Platz in Istanbul. Die türkische Regierung wollte den Gezi-Park durch ein Einkaufszentrum ersetzen. 50 Leute organisierten einen Sitzstreik, um »ihre« Bäume zu retten, und wurden von der Polizei brutal entfernt. Als Reaktion darauf versammelten sich dort erst Tausende, dann Zehntausende Bürger. Wie auf dem Maidan wurden die Massen auch hier durch die Niederschlagung der ersten Demonstrationen mobilisiert. Die Istanbuler strömten auf den öffentlichen Platz, weil sie zeigen wollten, dass er ihnen gehört und nicht der Immobilienwirtschaft oder dem Despoten. Zuerst ging es um den Schutz eines Parks, später um die Forderung nach Demokratie.

Als mir die Schriftstellerin Aslı Erdoğan von den Revolutionstagen berichtete, leuchteten ihre sonst so melancholischen Augen: »Ich sage fast nie ›Wir‹, außer in Bezug auf den Gezi-Park. Die einsame und an den Rand gedrängte Frau war plötzlich Teil einer Gruppe. Wohl deshalb war es ein so kostbarer Moment unseres Lebens: Jeder hat das gespürt. Man gab seine Identität am Eingang zum Park ab. Schriftsteller, Lehrer, dies oder jenes ... Es gab ein starkes Gefühl von Einheit und Kameradschaft. Es ist schwer, sich in einer so ›poetischen‹ Gruppe wie dieser einsam zu fühlen. Schon in den ersten Tagen haben die Leute ihr Zugehörigkeitsempfinden vergessen. Sie gehörten nun dem Platz und zueinander. Selbst der uralte Krieg zwischen Männern und Frauen hörte auf. Belästigungen gab es nicht. Es war fast, als hätten wir die Geschlechter abgelegt. Zwischen den Gruppen gab es keine Machtspiele. Es war unglaublich. Ein Moment kollektiver Gnade.«

Auf dem Maidan- oder dem Tahrir-Platz, im Gezi- oder Zuccotti Park war die »räumliche Verkapselung«, von der Michel Lussault spricht, keine individuelle Angelegenheit mehr, sondern allen gemein. Die Bürger, die sich während der *Nuit Debout* [Die Aufrechten der Nacht, eine soziale Bewegung in Frankreich] auf der Pariser Place de la République einfanden oder an der Puerta del Sol in Madrid am *Movimiento de los indignados* [Bewegung der Empörten] teilnahmen, träumten von einer Neubegründung des Gemeinwesens und der Wiederherstellung der verschwundenen zivilen Bezugssysteme. Sie wollen zur Freiheit der Antike zurückkehren, wie sie Hannah Arendt in *Zwischen Vergangenheit und Zukunft* der modernen Form der Freiheit gegenüberstellt. Letztere besteht für Arendt vor allem in einem Recht auf Rückzug, während die antike Freiheit in ihren Augen eine Gemeinschaft mit anderen in einer politisch organisierten Öffentlichkeit bedeutete.

Auf den hier genannten öffentlichen Plätzen löst sich der *homo oeconomicus* wie durch Zauberhand in Luft auf. Die Kinder der Leere *füllen* die Welt und sich selbst. Sie sind nicht mehr leer und nicht mehr einsam. Die Hashtags #OccupyWallStreet, #OccupyCentral (in Hongkong) oder #OccupyGezi machen die physische Wiederaneignung des öffentlichen Raums zu einem Vorspiel für eine Wiederaneignung des Gemeinwesens durch die Bürger. »Take back control«, fordern die Brexit-Befürworter: In diesen zivilen Revolutionen wird eine solche Formel greifbar. Und das ganz ohne Ausländerfeindlichkeit oder Sündenbock. Damit stellen diese Revolutionen eine Alternative zu den nationalistischen Stimmungen dar, die unsere Länder aufwiegeln – sie sind der Versuch, ein »Wir« neu zu definieren, *ohne* andere auszuschließen.

Ereignisse wie die in Kiew, Istanbul, Tunis, Madrid, an der Wall Street oder in Hongkong wiederholen sich überall auf der Welt. Es sind Zwischenspiele, die beginnen und wieder enden. Der »Moment kollektiver Gnade«, von dem Aslı Erdoğan gesprochen hat, verschwindet stets wieder. Es fehlt uns etwas, um der zivilen Epiphanie Dauer zu verleihen – nämlich eine strukturierte Vision der Welt. Vor welchem Horizont wollen wir die »Kontrolle zurückerobern«? Wir sind so sehr an das Fehlen von Sinn gewöhnt, dass wir ihn selbst dann nicht erkennen, wenn er uns umgibt. Der Sinn ist hier, vor unseren Augen, und wir ignorieren ihn.

PLÄDOYER FÜR EINE TRAGISCHE ÖKOLOGIE

Wer erinnert sich an den 13. November 2017?

An diesem Tag schlugen in der Zeitschrift *BioScience* über 15 000 Wissenschaftler aus 184 Ländern Alarm: »Bald ist es zu spät.«

Am Anfang ihres Manifests erinnerten sie an einen älteren Appell: »1992 unterzeichneten mehr als 1700 unabhängige Wissenschaftler, mehrheitlich Nobelpreisträger, eine *Warnung an die Menschheit*.«

25 Jahre später kamen die 15 000 zu einer gnadenlosen Diagnose: »Die Menschheit ist nicht nur daran gescheitert, bei der Lösung der damals vorhergesagten Herausforderungen hinsichtlich der Umwelt ausreichende Fortschritte zu machen. Zugleich muss die äußerst beunruhigende Feststellung gemacht werden, dass die meisten dieser Herausforderungen sich enorm verschärft haben.«

Um das Schlimmste zu vermeiden, schlugen sie Notfallmaßnahmen vor, die von Ökosteuern über Familienplanung und Bekämpfung zu großer finanzieller Ungleichheit bis zu Änderungen der Ernährungsgewohnheiten reichten. Jetzt, da die angekündigte Katastrophe sich abzeichnet, scheint keiner dieser Vorschläge mehr »unrealistisch« zu sein.

Die Wissenschaftler richteten einen Notruf an die politischen Autoritäten, an die Bürgergesellschaften, an alle und jeden: »Bald ist es zu spät, unseren zum Scheitern verurteilten

Kurs zu ändern. Die Zeit drängt. Wir müssen uns – im täglichen Leben genau wie in den Regierungsinstitutionen – klarmachen, dass die Erde, mit allem Leben, das sie beherbergt, unser einziges Zuhause ist.«

Der Warnruf löste sofort allgemeine Erschütterung aus. Weltweit beschäftigten sich Titelseiten, Magazine, Fernsehsendungen und Radiobeiträge mit dem Thema. Wenn die globale Wissenschaftsgemeinschaft das Ende der Welt verkündet, darf man schon mal schockiert sein. Also waren wir es. Am nächsten Tag sprachen wir von nichts anderem. Wir kritisierten die tatenlosen Regierungen und die Unternehmen, die unsere Umwelt verschmutzen; wir warfen unseren Nachbarn fehlendes Problembewusstsein vor, auch wenn diese sich darüber lustig machten. Wir waren betroffen, entsetzt, mobilisiert.

Am übernächsten Tag dachten wir immer noch daran, sprachen immer noch darüber. Einige Tage später aber ereignete sich etwas, das unsere Aufmerksamkeit auf sich zog. Eine Nachricht jagte die nächste, ein empörendes Ereignis das andere, und wir begannen, über andere Dinge zu sprechen. Im Fernsehen, im Radio und in den Zeitungen rückten andere Themen in den Vordergrund. Und weil es immer darum geht, gesehen, gehört und gelesen zu werden, wurden diese anderen Themen mit ebenso großen Worten diskutiert. In gewissem Sinne ist das völlig normal: Der Markt ist eben wettbewerbsorientiert, die Zeitungsbranche in der Krise und die Öffentlichkeit anspruchsvoll. Wäre es auf den Titelseiten einen Monat lang um den Warnruf der Wissenschaftler gegangen, hätte niemand mehr diese Zeitungen gekauft.

Nach ein oder zwei Wochen posteten wir auf Facebook unser Bedauern darüber, dass Medien und Politiker sich schon wieder mit anderen Dingen beschäftigten, und riefen dazu auf, das SOS vom 13. November nicht so schnell zu vergessen. Doch irgendwann vergaßen wir es selbst. So viele Probleme müssen thematisiert, so viel Ungerechtigkeit bekämpft und so viele Ereignisse kommentiert werden. Also reagierten wir auf den Ruf der »Fakten« und verloren den der Wissenschaftler aus den Augen.

Einen Monat später, Mitte Dezember, gab es in den Medien die alljährlichen Jahresrückblicke. Nur selten wurde das Manifest der 15 000 als ein für das vergangene Jahr bedeutsames Ereignis erwähnt. Man diskutierte über Landespolitik, Trump, Harvey Weinstein und vergaß das Ende der Welt.

Wer erinnert sich heute noch an den 13. November 2017?

Letztlich wurde an diesem Tag nicht weniger als die Apokalypse verkündet. Und der Tod der Menschheit bewegt uns eben weniger als etwa der Tod eines Rockstars. Er ist weniger greifbar, weniger persönlich. Zu allgemein. Zu schwammig. Ein Hollywood-Produzent würde den vielen tausend Autoren des Warnrufs wahrscheinlich sagen: »Leute, euer Drehbuch hat ein Problem. So verkauft sich das nicht. Damit kann sich niemand identifizieren. Überarbeitet den Text und bringt ihn mir wieder, wenn er realistischer ist. Vor allem muss sich der Zuschauer stärker angesprochen fühlen.«

Denn was ist logischer, als dass Wissenschaftler sich für ihre Forschungsergebnisse begeistern? Es ist doch normal, dass sie ihr Untersuchungsgebiet für das Wichtigste auf der Welt halten, oder? Unsere Aufgabe wiederum besteht darin, uns auf dem Laufenden zu halten – darüber, was die Wissenschaftler sagen, aber auch über alles, was sonst so gesagt wird. Wir sollen Infos, Öl, Gedanken, Gegenstände und Themen konsumieren. Also konsumieren wir. Wir verschlingen den Warnruf der Wissenschaftler genauso, wie wir einen brisanten Artikel aus der Klatschpresse verschlingen würden. Er ist zwar etwas schwerer zu verdauen, aber schon nach wenigen Tagen verschwinden die Bauchschmerzen.

Ich übertreibe – aber nicht sehr. Der Soziologe und Philosoph Bruno Latour hat in *Le Monde* über die Umkehrung der Rollen nachgedacht, die im Licht des Klimawandels zu verzeichnen sei: »Früher waren Wissenschaftler besonnene Menschen, während Politiker oder Bürger sich über dies und jenes aufregten. Heute ist das Gegenteil der Fall: Die Wissenschaftler regen sich auf, fürchten sich und sind in Alarmstimmung, während die Politiker, Sie und ich uns wie schlappe Gurken verhalten.« Die Wissenschaftler werden wütend, die Unwissenden bleiben ruhig.

Ist es klug, ruhig zu bleiben, wenn das Haus brennt? Aristoteles warnt: Ein Mensch, der sich nicht aufregt oder wütend wird, wenn die Situation es erfordert, ist nicht ruhig, sondern »phlegmatisch«, apathisch – ein Narr. Wer sich über alles gleichermaßen aufregt, ist genauso ein Narr. Beide Haltungen – die schlappe Gurke und der Daueraufreger – zeugen von einer Unfähigkeit, die Erschütterungen dieser Welt zu spüren und Informationen und Gefahren zu hierarchisieren.

In einer Situation, in der die Wissenschaft zur Unruhe aufruft, ist Ruhe pathologisch. Die Vernunft fordert einen Sturm der Empörung, aber unsere Affekte zwingen uns zu einem bestimmten Lebens-, Denk-, Produktions- und Konsumverhalten, als befinde sich eine zweite Haut zwischen uns und dem Drama, das vor unseren Augen stattfindet. Das Drama wird so auf eine akzeptable Dimension zurückgestutzt, also auf ein Maß, das unsere Gewohnheiten und Überzeugungen nicht infrage stellt.

Warum ist das Ausmaß des Warnrufs der 15 000 nicht erfasst

worden? Warum fiel die Antwort so schwach aus, warum war die Mobilisierung vernachlässigbar gering?

Die Antwort lässt sich in einen Satz fassen: Wir haben den Sinn für das Tragische verloren. Unser Verhältnis zur Welt ist zu komisch, als dass ein mögliches Ende denkbar wäre. Ungeachtet unserer Anzüge und Krawatten, unserer Studien und schulmeisterlichen Posen sind wir zu Clowns geworden. Und zwar ohne die rote Nase und die melancholische Ausstrahlung, die noch vermuten ließen, dass der Clown tief im Innern weiß, wovon er den Blick abwendet. Wir sind Clowns, die weder Lachen noch Weinen hervorrufen. Protagonisten einer schlechten Komödie.

DIE MUTTER ALLER KRIEGE

Hegel hingegen war weder besonders zu Scherzen aufgelegt noch das, was man sich unter einem Coach für Persönlichkeitsentwicklung vorstellt. Er stellte schwierige Fragen und bemühte sich um ernsthafte Antworten. Zum Beispiel diese: Warum führen Staaten Kriege? Bei genauer Betrachtung sind bewaffnete Konflikte selten gewinnbringend. Sie sind teuer und man kann sich des Sieges nie ganz sicher sein. Warum gibt es sie dennoch so häufig? Normalerweise werden hier wirtschaftliche Gründe, historische Konflikte um Grenzen oder Prestigefragen angeführt. Das spielt natürlich alles eine Rolle, aber Hegel zufolge ist der Hauptgrund ein anderer: Jeder Staat brauche den Krieg zur Selbstbestätigung, für die eigene Existenz.

In einer Gesellschaft, deren Ziel der ewige Frieden ist, verselbstständigen und emanzipieren sich die Teile, die das Ganze bilden. Ohne äußere Bedrohung begreifen sich gesellschaftliche Gruppen, Unternehmen, Religionsgemeinschaften und Individuen als autark. Sie nehmen jeden staatlichen Eingriff in ihre Privatsphäre als Verletzung ihrer Souveränität wahr. Der Sinn von Steuern oder des Wehrdienstes erschließt sich nicht mehr unmittelbar; die Politik verliert an Bedeutung und Ansehen. Sie hat kein Ziel mehr und wird zum Spektakel. Die Bindungen innerhalb der Zivilgesellschaft lösen sich auf oder zersplittern in Myriaden von Einzelbindungen. Die Republik zerbricht in viele Inseln, die sich immer weiter voneinander entfernen. Sie löst sich auf; die Individuen leben voneinander getrennt.

Es gilt, die Degeneration der *res publica* zu verhindern. Alle Beteiligten müssen verstehen, dass sie nicht ohne jenes große Ganze existieren können, das über sie selbst hinausweist und dem sie verpflichtet sind. Deshalb führen Staaten Kriege, so Hegel. Individuen und gesellschaftliche Gruppen haben angesichts der furchtbaren Möglichkeit eines Todes aller plötzlich den eigenen Tod vor Augen. Ihnen wird bewusst, dass sie nicht allein leben, sich nicht selbst genügen können. Mit anderen Worten, der zuvor vernachlässigte Staat wird in ihren Augen wieder lebendig. Sie zeigen sich mit Steuern einverstanden, nehmen Opfer in Kauf, die in Friedenszeiten undenkbar wären, und bringen ihre individuellen Bedürfnisse wieder mit dem Willen der Gemeinschaft in Einklang. Die Politik übernimmt wieder das Kommando und erhält damit ihr Ansehen und vor allem ihre genuine Existenzberechtigung zurück.

Jeder Form der gesellschaftlichen Organisation, selbst die ungerechteste, hat ihre Nutznießer. Jede tief greifende Umstrukturierung verletzt also tradierte Interessen. Damit diese tradierten Interessen sich einem Allgemeininteresse unterordnen, braucht es einen »tragischen Horizont«. Diesen liefert der Krieg automatisch. Es ist kein Zufall, dass das Programm des Nationalen Widerstandsrats auf dem Höhepunkt des schlimmsten Konflikts des Jahrhunderts entstanden ist und gleich im Anschluss umgesetzt wurde: Die sozial bevorteilten Schichten waren in diesem Moment nicht in der Lage, sich dem öffentlichen Willen zu widersetzen.

Müssen wir demnach also einen bewaffneten Konflikt lostreten, um die Gesellschaft der Einsamkeit zu überwinden? Oder etwa die Guillotine wieder einführen, die jedem die eigene Endlichkeit aufzeigt – und von der der Monarchist Joseph de Maistre vermutete, dass sie am Ursprung jedes republikanischen Gedankens zu finden sei?

Dieses Buch schlägt natürlich nicht vor, in Deutschland einzumarschieren oder mitten in Paris die Köpfe rollen zu lassen. Aber wenn wir keine andere Lösung finden, wird der nationalistische Populismus zur einzigen Kraft, die stark und kohärent – und, ja, auch romantisch – genug ist, um die Ordnung der Dinge ins Wanken zu bringen, die eine wachsende Mehrheit der Bürger abzulehnen scheint. So würden wir im schlimmsten Fall am Ende doch Kriege anzetteln. Anfangs wären es Handelskriege und politische Auseinandersetzungen, doch nichts garantiert, dass sie später nicht militärisch werden könnten. Wie lässt sich eine solche Entwicklung vermeiden? Wie können wir ein Ziel formulieren, das stark genug mobilisiert, um die Neuorganisation unserer Gesellschaften zu ermöglichen – und das ohne Krieg?

Die Antwort ist hoffnungslos einfach: Es genügt, die Augen zu öffnen.

Es ist nicht nötig, schlaue philosophische Theoriegebäude zu errichten, um dem öffentlichen Handeln wieder Sinn zu verleihen. Wir müssen keine Truppen nach Italien schicken, um zu demonstrieren, dass die Politik wieder das Kommando übernehmen muss. Wir müssen keinen Konflikt erfinden, denn wir befinden uns bereits im Krieg – gegen unsere Umwelt. Und damit gegen uns selbst. Wir müssen diesen Krieg, der uns alle umbringen kann, endlich als solchen begreifen. Und Konsequenzen daraus ziehen.

Das ist die zentrale These dieses Buchs: Die politische Ökologie wird uns retten, wenn wir sie ernst nehmen und verstehen, dass das Ende unserer Welt möglich ist. Schlimmer: wahrscheinlich. Noch schlimmer: sicher, wenn sich nichts ändert. Nur eine Revolution unseres Denkens führt uns aus der Sackgasse, in die der Individualismus uns geführt hat. »Wo aber Gefahr ist, wächst das Rettende auch«, schrieb Hölderlin. Für den Klimawandel gilt: Wir müssen uns ins Auge des Sturms begeben, um die Antwort auf unsere Fragen zu finden – auf alle unsere Fragen, selbst wenn es zunächst scheint, als hätten sie nichts mit Umweltproblemen zu tun.

Wir fragen uns, wie wir der Einsamkeit entkommen können. Wie wir die Gesellschaft neu organisieren sollen, damit sie weniger Ungleichheit produziert. Wie wir das Verhältnis zur Transzendenz und Machiavellis »Zivilreligion« wiederfinden sollen. Wie wir Victor Hugos Traum von Europa neues Leben einhauchen und wie wir die Entgleisungen des Finanzkapitalismus vermeiden können. Wie wir die Gemeinschaft gegenüber den Partikularkräften wieder stärken können. Wie es gelingen kann, unsere Einzelkonflikte und verstreuten Gedanken zusammenzuführen. Wie die kreative Energie von Maidan, Tahrir, Gezi, Central Park und Puerta del Sol in etwas Dauerhaftes verwandelt werden kann. Wir fragen uns vor allem, warum wir dies tun sollen. Die Antwort auf all das ist die Ökologie, und zwar verstanden als Wiedereinschreibung des Individuums in die Umwelt, in ein Ganzes, dem wir verpflichtet sind und das wir bewahren müssen. Eine Ökologie, die wir ernst nehmen – das heißt als tragisch begreifen.

Um die Folgen des Klimawandels abzumildern, müssen wir unsere Fernbedienung weg- und unsere clownesken Gewohnheiten ablegen. Wir müssen Bürger werden. Wir müssen unser komisches Verhältnis zur Welt hinter uns lassen, das auf der Idee basiert, jedes Problem sei letztlich ein Missverständnis. In *Melinda und Melinda* zeigt Woody Allen, dass man dieselbe Geschichte genauso gut als Komödie wie als Tragödie erzählen kann. Aus der Distanz lässt sich selbst über die größten Probleme noch lachen. Selbst Aischylos' *Orestie*, die tragische Trilogie über den Niedergang der mykenischen Zivilisation und den Aufschwung Athens, oder Homers Epen *Ilias* und *Odyssee* lassen sich als bürgerliche Trauerspiele, Boulevardstücke oder Kitschromane adaptieren. Wir können alles auf die leichte Schulter nehmen. Wir können noch die tragischste Dimension der tragischsten griechischen Heldinnen tilgen, was ein gewisser Teil der französischen Literatur der 1930er- und 1940er-Jahre auch beharrlich getan hat.

Als unter der deutschen Besatzung junge Menschen für ihre Ideen das Leben ließen, machte Jean Anouilh sich daran, Sophokles' *Antigone*, Archetyp einer Frau, die gegen Ungerechtigkeit und Tyrannei aufbegehrt, in eine hysterische Jugendliche zu verwandeln, die auf ihren Onkel, die Erwachsenen und die Menschheit als solche sauer war. Jean Giraudoux wiederum beschäftigte sich mit Aischylos' *Elektra*. Die Heldin, die Orest darin bestärkte, ihren Vater Agamemnon durch den Mord an der Mutter, Klytaimnestra, zu rächen, zeichnete er als Verrückte und Fanatikerin. Mit *Der trojanische Krieg wird nicht stattfinden* reduzierte er die *Ilias* auf ein bürgerliches Trauerspiel. Der Titel des pazifistischen Stücks verliert seinen Sinn, wenn man weiß, dass es Mitte der 1930er-Jahre geschrieben wurde – in einer Zeit, in der die Distanzierung von der Bedrohung durch die Nazis und die unrealistische Darstellung von Konflikten der Republik vielleicht nicht unbedingt einen Dienst erwiesen hat. Alles ist möglich, wenn man nichts als wahrhaft tragisch auffasst. Emmanuel Macron bekundete sogar seine Liebe zu Giraudoux und erhielt dafür Applaus von halbgebildeten Kommentatoren, die hingerissen waren, weil endlich einmal ein belesener Mensch und Literaturliebhaber Präsident geworden war. Aber nicht jegliche Literatur ist gleichbedeutend. Macrons Begeisterung für einen Schriftsteller, der den größten Tragödien noch die letzte Dimension des Tragischen nimmt, sagt etwas Entscheidendes aus. Ein Bewunderer von Giraudoux kann das Ausmaß einer Katastrophe wie des Klimawandels nicht erfassen und folglich auch nicht sein ideologisches Programm umstürzen – ihm fehlt schlicht der Sinn für das Tragische.

Die Ökologie kann nur das Gegenmittel zur Auflösung sozialer Bindungen sein, wenn der Diskurs darüber nicht zur Farce gerät und sich nicht nur auf bloße Kommunikationselemente oder einen Hashtag beschränkt. Es gilt heute zunächst, einiges geradezurücken. In der kollektiven Vorstellungswelt galt der »Öko« lange als sympathischer Birkenstockträger, der Biotomaten auf dem Balkon anpflanzt, stundenlang über Selbstverwaltung spricht und dabei an seinem Joint zieht. Umgekehrt fand man den Chef von ExxonMobil oder den US-Präsidenten zwar nicht besonders sympathisch, nahm sie aber ernst, vor allem wegen ihrer Anzüge, Lederkoffer, großen Probleme und Phrasen über den Anstieg des Bruttoinlandsprodukts.

Im Licht des Klimawandels stellt sich die Wirklichkeit anders dar. Ein komisches Verhältnis zur Welt scheinen nun die Führungsfiguren zu haben, die den Aufruf der 15 000 ignorieren und weitermachen wie bisher. Die Ökos hingegen haben die Probleme von Anfang an erkannt. Trotz ihres Erscheinungsbildes sind sie weit seriöser als die Führungskräfte in ihren grauen Anzügen. Doch um gehört zu werden, müssen sie aufhören, sympathisch zu sein. Sie müssen sich auf Augenhöhe der Probleme begeben, die sie sehen. Sicher, unsere Medien hätten sich über Kassandras Ernsthaftigkeit bestimmt lustig gemacht. Die trojanische Prinzessin warnte ihre Landsleute pausenlos vor der drohenden Katastrophe. Und doch hatte sie recht und ihre Brüder hatten unrecht. Riskieren wir es also, von den Clowns verspottet zu werden.

Die tragische Ökologie kann nur politisch sein. Im Kampf gegen den Klimawandel und die Zerstörung allen Lebens genügt es nicht, nur unsere individuellen Gewohnheiten und Handlungsweisen zu ändern. Es ist natürlich äußerst wichtig, dass sie sich ändern. Und wir verstehen nur zu gut, dass gewisse durch die chronische Unentschlossenheit der Staatschefs frustrierte Aktivisten für eine Ökologie der kleinen Schritte plädieren, so wie es früher auch ein Europa der kleinen Schritte gab. Dass jeder für sich tut, was er kann, ist eine Voraussetzung für die allgemeine Weiterentwicklung. Aber es wird sich nichts Grundsätzliches verändern, solange Total, ExxonMobil und Monsanto das Damoklesschwert über ihren Köpfen nicht spüren. Dieses Schwert kann nur die »Hand« führen, von der Machiavelli in den *Discorsi* spricht: die öffentliche Autorität. Wer die politische Dimension der Ökologie aus den Augen verliert, verdammt sowohl die Ökologie als auch die Politik zur Ohnmacht.

ALLGEMEINE SCHOCKSTARRE

Die letzten 40 Jahre bilden die Geschichte eines verpatzten Rendezvous der Menschheit mit sich selbst. Die Warnungen vor dem Klimawandel reichen zurück bis in die 1970er-Jahre. Im Jahrzehnt darauf drangen sie weltweit in die öffentliche Debatte vor, und im Jahr 1988 trat der Klimawandel endgültig ins allgemeine Bewusstsein. Im Sommer fand eine internationale Konferenz zum Thema Erdatmosphäre in Toronto statt. 300 Wissenschaftler aus 46 Ländern forderten dort die drastische Reduktion der Treibhausgase angesichts drohender katastrophaler Klimaänderungen. Im November kam in Genf das IPCC (Intergovernmental Panel on Climate Change) zu seiner ersten Sitzung zusammen, und im Dezember wurde die bedrohte Erde vom *Time Magazine* zur »Persönlichkeit des Jahres« gewählt. Der Klimawandel schien zum zentralen Thema der kommenden Jahrzehnte zu werden. Doch was geschah 1990, 2000 und 2010? Nichts. Oder fast nichts.

Es stimmt, dass die Menschheit sich keinen günstigen Zeitpunkt ausgesucht hatte, um sich mit ihrem vorprogrammierten Tod zu beschäftigen. Die Wissenschaftler schlugen genau in dem Moment Alarm, in dem wir erleichtert das »Ende der Geschichte« (Francis Fukuyama) ausriefen. Nach der anstrengenden Befreiung der Welt von den faschistischen und später kommunistischen Bedrohungen wollten wir uns in Ruhe schlafen legen, als plötzlich die Forscher mit ihren Daten, Zahlen, Gleichungen und Prognosen vor der Tür standen und uns erklären wollten, dass es mit der wohlverdienten Ruhe nichts werden würde. Wie sollte man da reagieren? Wir zogen uns die Bettdecken über die Köpfe und hofften, die Wissenschaftler würden weiterziehen.

Gigantische Interessengruppen haben sich zusammengefunden, um uns möglichst träge zu machen, aber wir bräuchten dazu gar keinen Zwang. Nachdem die Angst vor einem dritten, atomaren Weltkrieg ad acta gelegt war, waren wir nicht bereit für eine neue Tragödie. Also dankten wir den Wissenschaftlern des IPCC für ihre Weitsicht und ihr Engagement für das Gemeinwohl, blickten recht besorgt drein und genossen ansonsten weiter das Leben. Die Warnungen vor dem Klimawandel standen in diametralem Widerspruch zu unseren Bedürfnissen und Überzeugungen. Naomi Klein zitiert in *Die Entscheidung: Kapitalismus vs. Klima* eine Studie der Universität Yale, der zufolge nur elf Prozent der Menschen mit einer »individualistischen« Weltsicht (die das Individuum und dessen Rechte über alles stellt) zugäben, der Klimawandel sei menschengemacht. Dies im Vergleich zu 69 Prozent der Menschen mit »kollektivistischer« Perspektive. Der Rechtsprofessor Dan Kahan bemerkt, dass Informationen, die der eigenen Weltsicht widersprechen, beim Individuum zur Produktion von Antikörpern und zur Entwicklung einer Immunantwort gegen diese Information führen. Denn jeder spürt ganz genau, dass die Berücksichtigung der ökologischen Bedrohung auch ein Hinterfragen unseres Verhältnisses zur Welt bedeutet. Deshalb blendeten wir diese Bedrohung in den 1990er- und 2000er-Jahren gemeinhin eher aus – sie bedeutete zu große Umstürze in einer Zeit, in der wir gerade zum Individualismus konvertierten.

Dieser Mechanismus ideologischer Selbstverteidigung ist nicht an ein bestimmtes Wertesystem gebunden. Er hat für die marxistische Linke im 20. Jahrhundert auf die gleiche Weise funktioniert. Die Wahrheit über die kommunistischen Konzentrationslager anzuerkennen, hätte die Überzeugungen so vieler Intellektueller, Journalisten und Bürger dermaßen erschüttert, dass sie sich lange weigerten, dazu Stellung zu beziehen. Solschenizyns Botschaft gefährdete ihre mentale Architektur so stark, dass sie versuchten, den Botschafter zu diskreditieren, was bis zum Vorwurf des Faschismus und Antisemitismus reichte. Jedes Argument war recht, um nur nicht den *Archipel Gulag* aufschlagen zu müssen. Schließlich kam die Wahrheit doch ans Licht, und das ideologische System der marxistischen Linken hielt ihr tatsächlich nicht stand.

Das Gleiche gilt für den Individualismus angesichts des Klimadesasters. Nigel Lawson, ehemals Minister unter Margaret Thatcher und prominenter Klimaskeptiker, sprach nicht von den Fakten, sondern von den schrecklichen Folgen, die ein Ernstnehmen des Klimawandels hätte – nämlich »die Rückkehr des Staates und der Regulierung«. Er ließ die Fakten eben deshalb negieren, weil sie schwerwiegend sind. Wie Naomi Klein zeigt, haben diese Ideologen recht, genau wie damals die Mitstreiter der Kommunistischen Partei: Hätten sie die Ergebnisse des IPCC ernst genommen, wäre ihr Wertesystem zusammengebrochen. Im Grunde sind sie konsequenter als jene unter uns, die die Fakten anerkennen, ohne deren politische, philosophische und wirtschaftliche Implikationen gänzlich zu begreifen. Die ökologische Bedrohung wird die herrschende individualistische Ideologie irgendwann zum Einsturz bringen. Also wird man alles tun, um sie in weite Ferne zu rücken. Die Trumpisten werden die wissenschaftlichen Fakten leugnen, rationalere Geister werden sie relativieren oder in einer Informationsflut ertränken.

Die 1990er-Jahre werden historisch als eine Zeit des scheinbaren »Fortschritts« wahrgenommen; in Wahrheit haben sich alle Krisen und Rückschritte, mit denen wir uns heute konfrontiert sehen, in dieser Zeit angebahnt. Damals eröffneten sich zwei Wege, und wir taten, als hätten wir sie beide zugleich eingeschlagen. Deregulierung, Freihandelsverträge und Verhandlungen der Welthandelsorganisation (WTO) luden einerseits zum Laisser-faire ein. Andererseits wurde auf einem Gipfel nach dem anderen dazu aufgerufen, dem Klimawandel kollektiv etwas entgegenzusetzen. Die Parallelführung dieser beiden Logiken ist spektakulär: 1992 fand der Klimagipfel von Rio statt, 1994 die WTO-Verhandlungen, 1997 wurde das Kyoto-Protokoll unterzeichnet. In den Köpfen unserer politischen Führungsriegen schienen sich diese beiden Linien nie zu kreuzen. Niemand stellte eine Verbindung zwischen den beiden Wegen her, die in entgegengesetzte Richtungen führten. Der Einfluss einer dieser Logiken auf die je andere wurde nur selten thematisiert. Und niemals an der richtigen Stelle, nämlich im Zentrum der politischen Macht.

Welchen Einfluss hatten die WTO-Vereinbarungen auf die Fähigkeit der Staaten, den Forderungen der Klimagipfel entsprechende Umweltregularien aufzustellen? Neben vielen anderen Fragen schenkten die – ansonsten sehr ernsthaften – Gestalter der Freihandelsverträge auch dieser Frage keine Beachtung. Und zwar, weil sie dazu Politik hätten machen müssen. Und Politik war nicht mehr in Mode. Unsere »progressistischen« Staatschefs begriffen den Progressismus nicht mehr als Entwurf einer besseren Zukunft, sondern als Begleiterscheinung des technologischen und wirtschaftlichen »Fortschritts«. Sie waren gute CEOs und wollten jeden Konflikt mit der Wirtschaft vermeiden.

20 Jahre später führte dies zu einem vielsagenden Ergebnis: Als die kanadische Regierung einen ehrgeizigen Klimaplan beschloss, der lokale, umweltfreundliche Industrien fördern sollte, wurde das Vorhaben von der WTO als Angriff auf den freien

Wettbewerb verurteilt. Der Plan wurde verworfen, die Energiewende musste warten. Jedes Land hat sich sozusagen selbst amputiert und diese Amputation rechtlich festgeschrieben. Die weltweite Ausdehnung des Freihandels wurde rechtlich zwingend angeordnet, der Umweltschutz blieb bloße Beschwörung. Die beiden Themen wurden nicht mit der gleichen Dringlichkeit behandelt. Die Ökologie ernst nehmen bedeutet heute also, diese internationalen Verträge neu zu verhandeln. Es bedeutet, etwas aufzulösen, das auch vereinbart wurde, um jedes Handeln in dieser Richtung zu unterbinden. Es bedeutet, »die Kontrolle wieder zu erlangen«.

SICH DEM KONFLIKT STELLEN

Auch das Umfassende Wirtschafts- und Handelsabkommen »CETA« (Comprehensive Economic and Trade Agreement) zwischen Kanada und der EU ignoriert die Umweltfragen gänzlich und zeigt, dass wir unser Denken noch nicht einmal ansatzweise geändert haben. Dass wir die Gefahr vielleicht langsam doch erkennen, zeigt sich momentan nur in Hashtags wie #MakeOurPlanetGreatAgain, berührenden Reden und bestenfalls marginalen Reformen. Dennoch besteht ein quasi globaler Konsens über die Bedrohung durch den Klimawandel und selbst über die zu erreichenden Ziele. Keinerlei Konsens besteht allerdings darüber, wie diese Ziele erreicht werden sollen.

Auf der UN-Klimakonferenz in Paris war 2015 beschlossen worden, die Erderwärmung auf zwei Grad zu beschränken. Im Schlussdokument fehlt jedoch der einfache Begriff »fossile Energien«. Auch der Flugverkehr wurde »vergessen«. Denn die politische Führung weigert sich, sich gegen die großen Lobbys zu stellen oder große nationale Unternehmen zu bestrafen. Als wollten sie die Dinge ändern, ohne irgendjemanden zu beeinträchtigen. Doch gewisse Interessen müssen beschnitten werden, um die festgelegten Ziele zu erreichen. Der Kampf gegen die Erderwärmung ist nicht möglich ohne eine Konfrontation mit ExxonMobil, Total, Monsanto und den Landwirtschaftsverbänden.

Die großen Ölkonzerne haben bei der Energiewende viel zu verlieren. Deshalb versuchen sie, sie zu verhindern: 2013 investierten sie 400 000 Dollar in direkte Lobbyarbeit in den USA, um Gesetzesänderungen zu ihrem Nachteil zu verhindern. ExxonMobil, BP, Shell und Total müssen immer größere Ölreserven ankündigen, um den kontinuierlichen Anstieg ihrer Aktienwerte sicherzustellen. Die immer weiter fortschreitende Erschließung und Gewinnung von fossilen Energien sind zwar katastrophal für den Planeten, aber diesen Firmen fiel die Entscheidung zwischen dem Planeten und der Börse offenbar nicht schwer. Ihren eigenen Prognosen zufolge werden ihre Treibgasemissionen in den nächsten 30 Jahren fünfmal höher sein, als nötig wäre, um das Zwei-Grad-Ziel zu erreichen. Die Einhaltung dieses Ziels würde ihnen dementsprechend riesige Opfer abverlangen. Und die Chefs von ExxonMobil oder Total haben wenig mit Cato gemein, der aus Sorge um seine Ehre und aus Liebe zur Republik sogar sein Schwert gegen sich selbst richtete. Man muss sie also zur Veränderung zwingen.

Vielleicht ist es unmöglich, diese Kolosse zum Einlenken zu bringen. Ist es unrealistisch, dass wir unsere Konsum-, Produktions- und Lebensweise grundlegend ändern? Ein Blick in die Geschichte könnte der Politik Mut machen. Die Politik ist nur ohnmächtig, wenn sie es sein will. Ein Beispiel ist die Sklaverei:

Riesige Vermögen und ganze Wirtschaftszweige bauten auf ihr auf. Durch politische Entscheidungen wurde sie dennoch abgeschafft. Sicherlich nicht konfliktfrei: In den USA kam es sogar zu einem blutigen und dem einzigen Bürgerkrieg wegen der Sklaverei in der Geschichte. Es ist unmöglich, allen Konflikten auszuweichen. Wer so tut, als sei der ökologische Wandel im Rahmen eines universellen Konsenses zu erreichen, begleitet vom Applaus der Ölbranche, der Befürworter der Massentierhaltung, der Chefs von Monsanto, der Goldminenbesitzer oder der Verfechter des Freihandels, der macht sich über die Welt lustig. Irgendwann wird es einen Schnitt geben müssen.

Der Schutz der Artenvielfalt bei gleichzeitiger Erderwärmung kann nicht lange funktionieren. Diese bittere Erfahrung musste Nicolas Hulot machen. Dem ehemaligen französischen Minister für ökologischen Wandel (Mai 2017 bis August 2018) hatte man einen gewissen Handlungsspielraum und eine den von ihm prognostizierten Gefahren angemessene Politik versprochen. Allerdings hatte man auch Total, EDF, den Landwirtschaftsverbänden, den Jägern und anderen Akteuren viel in Aussicht gestellt, und deren Interessen hatten nichts mit der ökologischen Wende zu tun. Als Hulot dies monierte, bekam er zur Antwort, Politik sei die Kunst des Kompromisses und habe die Aufgabe, ein Gleichgewicht zwischen den verschiedenen Interessen und Überzeugungen innerhalb der Gesellschaft herzustellen. Er wollte retten, was zu retten war, und dort Fortschritte erreichen, wo man es ihm erlaubte. Er blieb nur ein Jahr im Amt.

Am Morgen des 28. August 2018 stellte Hulot sich im Rundfunk den wichtigsten Fragen und beantwortete sie klar: »Haben wir begonnen, unsere Treibhausgasemissionen zu senken? Die Antwort ist Nein. Haben wir begonnen, das Artensterben zu begrenzen? Die Antwort ist Nein. Haben wir Maßnahmen eingeleitet, um die künstliche Umgestaltung der Böden zu beenden? Die Antwort ist Nein.« Nach dieser Diagnose trat Hulot zurück – in einem für unsere Gesellschaft unerhörten Moment öffentlicher Ehrlichkeit. »Man hat mir gesagt: Lass dir Zeit. Hab Geduld. Aber wir sind seit 30 Jahren geduldig.« Er betonte, dass unser Gesellschafts- und Wirtschaftsmodell dringend geändert werden müsse, um die Katastrophe zu verhindern.

»Die Menschheit hat einen tragischen Weg eingeschlagen«, »Wir haben uns zu Komplizen der Tragödie gemacht« und einiges mehr: Fast in jeder seiner Antworten verwendete Hulot die Worte »tragisch« oder »Tragödie« – als wolle er uns ermahnen, mit dem Komödiantentum aufzuhören in einem Moment unserer Geschichte, in dem Leichtfertigkeit nicht mehr angemessen ist. Hulot hoffte, mit seinem Rücktritt »eine tief greifende Selbstbetrachtung der Gesellschaft zu provozieren«. Zwei Tage lang ging es in Medien und Politik um nichts anderes, wobei man sich mehr für Hulot als Person als für dessen Botschaft interessierte. Wir zappten hin und her, lauschten küchenpsychologischen Analysen über die angebliche Schwäche des zurückgetretenen Ministers und erkannten diesen Moment der Wahrheit nicht als das, was er war.

Aber versuchen wir doch einmal ernsthaft zu verstehen, was uns Hulots Rücktritt an Grundsätzlichem zu sagen hat.

Er sagt uns, dass die Politik angesichts einer derart dramatischen Situation nicht mehr die Kunst des Ausgleichs, sondern die Kunst der Prioritätensetzung (in diesem Fall der Rettung der Menschheit und der Artenvielfalt) sein muss. Und damit auch die Kunst, einen Schnitt zu machen. Er sagt uns, dass Staatsbürgertum sich nicht darauf beschränkt, in regelmäßigen Abständen die Volksvertreter zu wählen, wenn die Zukunft auf dem Spiel steht. (Hulot fragte in der Tat mehrmals, wo die gesellschaftliche Mobilisierung bleibe.) Er sagt uns, dass angesichts eines so schwerwiegenden Problems die gern betonte »Gleichzeitigkeit« von Wirtschaftsfreundlichkeit und Umweltschutz schlicht zum Widerspruch wird. Und dass es, entgegen der Überzeugung der Komiker, tatsächlich Widersprüche gibt, die sich nicht auflösen lassen und als solche erkannt werden müssen. Es gibt absolute – tragische – Widersprüche.

Um #MakeOurPlanetGreatAgain einzulösen, muss man sich tatsächlich mit jenen streiten, die unsere Erde zerstören. Man muss gegen das vorherrschende Modell, das Produktivität über alles stellt, angehen, weil es unsere Welt in den Untergang führt. Doch die westlichen Regierungschefs sind dazu nicht bereit. Ohne politische Führung aber bleiben all die »kleinen Schritte«, von denen Hulot spricht, vergeblich.

Die Situation ist umso frustrierender, weil Veränderung tatsächlich möglich wäre. Die Beispiele geglückter Mobilisierung auf lokaler Ebene sollten uns Mut machen. In Hamburg etwa waren die Versorgungsnetze für Strom, Gas und Heizung privatisiert worden. Die Stadt Hamburg konnte deshalb die ökologische Wende nicht umsetzen, die eine wachsende Zahl der Einwohner forderte. 2010 entstand daher die Bürgerinitiative »Unser Hamburg – Unser Netz«, die sich für ein Referendum über die Entprivatisierung der gesamten Versorgungsnetze einsetzte. Das Referendum wurde mit einem knappen »Ja« entschieden. Daraufhin sammelte eine Kooperative 50 Millionen Euro für die Beteiligung am Rückkauf der Netze und die Entwicklung von Projekten für erneuerbare Energien. Der Energiewandel begann. Das von den Gegnern der Entprivatisierung vorhergesagte finanzielle Desaster trat nicht ein. Im Gegenteil: Das staatlich betriebene Stromnetz machte 2014 35 Millionen Euro

Gewinn; die Bilanz für Gas und Heizung ist ähnlich. Die Privatisierung der Welt ist kein unausweichliches Schicksal. In Hamburg ist es gelungen, entgegen dem herrschenden Diskurs, der jede Form öffentlicher Verwaltung von vornherein kritisierte, die Bewegungsrichtung der Geschichte umzukehren.

Ein weiteres, vielsagendes Beispiel sind die britischen Deiche. Auf Betreiben des damaligen Premiers David Cameron wurden die Mittel des Umweltministeriums drastisch gekürzt. Das hatte schwerwiegende Auswirkungen auf die Kontrolle und den Bau der Deiche. Überflutungen im Winter 2013/14 zwangen die Regierung zu großen Notfallausgaben und führten zu einer plötzlichen Änderung der öffentlichen Meinung. Seit der Katastrophe haben sogar die Konservativen ihren Diskurs angepasst. Solange es keine Katastrophen gibt, glaubt man, ohne den Staat auszukommen. Tritt die Katastrophe dann ein, wird die neoliberale Sackgasse deutlich erkennbar. Die Hälfte der konservativen britischen Wähler unterstützt heute die Entprivatisierung der Energieversorgung und des Schienenverkehrs. Im Land Margaret Thatchers und sogar in ihrer eigenen Partei kann diese Schlacht gewonnen werden – wenn sie geführt wird. Schritt für Schritt.

Das bedeutet, sich nicht ablenken zu lassen und nicht dem Glauben zu erliegen, man könne den Klimawandel ohne große wirtschaftliche und soziale Umwälzungen bekämpfen. Verführerisch ist die Vorstellung, Wissenschaft und Technik könnten die Probleme lösen, die sie selbst geschaffen haben. Das wäre die Vollendung einer nicht tragischen Ökologie. Ihre Verfechter wissen, dass die Dinge nicht so bleiben können, wie sie sind, aber sie haben auch keine Lust auf allzu große Veränderungen. Sie glauben, mit Geoengineering ließen sich Umwelt, Zivilisation und kapitalistischer Individualismus gleichzeitig retten.

Kulminationspunkt dieser Bestrebungen ist das Projekt der Klimatisierung des gesamten Planeten, auch bekannt als »Pinatubo-Option«. Der Pinatubo ist ein Vulkan auf den Philippinen, dessen Ausbruch 1991 zu einer zwei Jahre dauernden Abkühlung der Erde um 0,6 Grad führte, weil zehn Kubikmeter Schwefeldioxid in die Stratosphäre geschleudert wurden. Der Grundgedanke des Projektes ist es, ein künstliches Klima herzustellen. Der Mensch habe die Welt bereits entnaturalisiert, also könne man diese Entwicklung konsequent fortführen, um sie bewohnbar zu halten – mit diesem Argument findet die technizistische Hybris im selbst produzierten Chaos einen Grund, immer weiter zu gehen.

In *Die Entscheidung* berichtet Naomi Klein vom »grünen« Engagement des britischen Luftfahrtunternehmers Richard Branson. Eines schönen Tages im Jahr 2006 traf er den ehemaligen US-Vizepräsidenten Al Gore, einen unermüdlichen Kämpfer für die Umwelt, und erfuhr eine Art Erleuchtung. Plötzlich entdeckte er, dass es Wichtigeres gab als den Profit, und versprach drei Milliarden Dollar Investitionen für umweltfreundliche Treibstoffe. Doch die Ergebnisse ließen auf sich warten, der Milliardär änderte seine Meinung, und die Konservativen eroberten die Macht in England zurück. Ein paar Jahre später hatte Branson die Sache mit dem Treibstoff völlig vergessen und freute sich öffentlich über die Ausweitung seiner umweltschädlichen Aktivitäten. Zugleich bestritt er, sich nicht mehr für das Klima zu engagieren, denn inzwischen hatte er eine Lösung entdeckt, die alles verändern konnte, ohne eine der Industrien zu beschneiden, mit denen er sein Vermögen machte: das Geoengineering. Bransons neues Ziel war die künstliche Abkühlung der Atmosphäre – allerdings in ferner Zukunft. Bis dahin konnte er weiterhin Geld damit verdienen, die Atmosphäre aufzuheizen. Haben wir es hier mit einem Betrüger zu tun, einem genialen Lügner, dem es nur um Geld und Ruhm geht? Oder ist Branson ein leidenschaftlicher, wankelmütiger Mann, der sich stets für etwas Neues begeistert und sich deshalb nicht langfristig engagieren kann? Letztlich ist das nicht entscheidend. Branson, dem jeder Sinn für das Tragische fehlt, bleibt in beiden Fällen ein Komödiant, der nichts begreifen kann, was ihn selbst übersteigt. In Corneilles *Cinna* bezeichnet Augustus sich als »Herr meiner selbst und des Universums«. Unsere Industriekapitäne haben bereits dokumentiert, dass sie nicht Herren ihrer selbst sind. Nun wollen sie für eine Weile nur Herren des Universums sein – bis sie es gänzlich zerstört haben. Wir können ihnen versichern, dass sie immer eine neue Möglichkeit finden werden, zu scheitern. Gerade beginnen sie mit der Erkundung des Weltalls. Sie suchen Planeten, auf denen Leben möglich ist – für eine Zukunft, in der ihr Handeln unseren eigenen Planeten unbewohnbar gemacht haben wird.

EINE FÜNFHUNDERTJÄHRIGE GESCHICHTE

Die Revolution, die wir brauchen, bedroht nicht nur wirtschaftliche Interessen. Sie erschüttert auch die Grundlagen der abendländischen Philosophie. Jason Bostic, Vizepräsident der Vereinigung der Kohleproduzenten in West Virginia, fragte: »Wozu nützt ein Berg, wenn er nichts ist als ein Berg?« Wir mögen ihn für verrückt oder extrem halten. Aber er stützt sich auf das Gerüst aus Gedanken und Überzeugungen, die unsere Gesellschaften und unser kollektives Bewusstsein geformt haben.

Seit Jahrhunderten distanziert sich das westliche Individuum von seiner Umwelt. Unsere Produktions-, Konsum-, Ernährungs- und Lebensgewohnheiten entspringen fast ausschließlich dieser grundlegenden Trennung, die wir nun aufgeben müssen. Als dezidierter Cartesianer habe ich mich lange geweigert, das Ausmaß der Revolution zu begreifen, die nötig ist. Ich habe mir eingeredet, dass das unmittelbare Leid der Menschen, die spürbare soziale Ungleichheit, die klar erkennbare politische Unterdrückung so groß und zahlreich sei, dass ich mich mit dem Problem der Ökologie später immer noch beschäftigen könne. Dass ich mich hinsichtlich des Zeitpunkts geirrt habe, steht außer Frage, aber ich lag auch hinsichtlich der Grundlage falsch. Ich hatte die beiden Probleme nicht miteinander in Verbindung gebracht.

Doch dann fügten sich die Puzzleteile zu einem Bild zusammen. Weil ich den Klimawandel ernst nahm, sind meine Vorurteile einer nach dem anderen in sich zusammengestürzt. Je stärker das Haus in Flammen stand, umso weniger konnten die Menschen so tun, als sei ihre Welt nicht dem Untergang geweiht. Wir müssen unsere Beziehung zur Natur und zu uns selbst neu denken, uns für die anderen Lebewesen interessieren, die mit uns den *oikos* bewohnen – jenes gemeinsame Haus, das durch unser Handeln gefährdet ist. Wir müssen zu einer »Ethik der Rücksichtnahme« (Corine Pelluchon) zurückkehren, die einsame Arroganz des gottgleichen Menschen hinter uns lassen und die Solidarität wieder entdecken, die alles Leben strukturiert.

Von dem Augenblick an, in dem wir diese Perspektivänderung vornehmen, schwinden noch unsere ältesten Gewissheiten. Es erfasst uns ein Schwindel, den der moderne Humanismus, ohne seine klassische, isolationistische Ausprägung, nicht mehr loswird. Von hier aus eröffnen sich uns zwei Wege: Wir können vorwärtsfliehen, in eine technizistisch-individualistische Hybris. Oder wir können eine gedankliche, soziale, wirtschaftliche und politische Revolution wagen. Die Stunde der Entscheidung ist gekommen.

FÜR EINEN NEUEN GESELLSCHAFTS-VERTRAG

Viele von uns, mit den unterschiedlichsten sozialen, kulturellen und ideologischen Hintergründen, haben begriffen, dass der Status quo nicht länger haltbar ist. Wir wollen den Lauf der Dinge ändern und die demokratischen Institutionen dabei nicht schwächen, sondern stärken. Wir wollen wieder ein »Wir« sein statt viele »Ichs«, ohne in Cäsarismus und Nationalismus zu verfallen. Unser Verhältnis zur Welt hat sich verändert und wir haben die Trägheit der 1990er- und 2000er-Jahre abgeschüttelt. Wir wissen, dass die Geschichte nicht zu Ende ist und tragisch bleibt. Wir spüren, dass die Politik wieder in die Kommandozentrale des Staates und ins Zentrum unseres Lebens zurückkehren muss. Wir wollen die Kontrolle über unser gemeinsames Schicksal zurückerobern.

Tausende von Zusammenschlüssen entstehen, Diskussionsrunden finden ein breites Publikum, Bürgerinitiativen werden gegründet. Aber die Uhr tickt und Matthäus' Hocker wackelt immer stärker. Unser neu entstandenes Bewusstsein muss schnell einen politischen Horizont hervorbringen, wenn es nicht wirkungslos verpuffen soll. Der Maulwurf kann graben, soviel er will – wenn er nicht an einem bestimmten Punkt seines Lebens den Kopf aus der Erde streckt, war seine Mühe vergeblich.

Wir müssen über Wahl- und Legislaturperioden hinausdenken und handeln. Wahlen sind der Puls der Demokratie, aber sie können den Status quo nicht ändern, wenn keine kontinuierliche Mobilisierung der Bürger hinzukommt. Fünfjahresprogramme erlauben Entscheidungen zwischen verschiedenen Optionen innerhalb eines klar vorgegebenen Rahmens. Diesen Rahmen selbst kritisch zu hinterfragen erfordert aber ein ehrgeizigeres, langfristigeres Projekt: einen neuen Gesellschafts- und Staatsbürgervertrag.

Manch einer mag die hier gemachten Vorschläge für unrealistisch halten. Doch ist es realistischer, das System aufrechtzuerhalten, das die Krise verursacht hat, und zu hoffen, die Krise möge wie durch Zauberhand irgendwie von selbst verschwinden? Ist das nicht letzten Endes die verrücktere, gefährlichere Utopie?

Aus der Notwendigkeit, unsere Demokratie neu zu begründen, leiten sich die folgenden Prinzipien ab:

1 Der Bürger ist nicht nur Wähler, sondern Akteur in der Regierung des Gemeinwesens. Damit die Demokratie nicht zu einer Aristokratie oder Monarchie degeneriert, wird sie partizipativ und die Bürger übernehmen wieder die Kontrolle über ihre Institutionen.

In der platonischen Republik ist die Regierung dem Stand der »Philosophenkönige« und der Schutz der Institutionen dem der »Wächter« vorbehalten. Die Demokratie fußt auf dem umgekehrten Prinzip: Politik ist keine Wissenschaft, und wir sind alle gleich wissend oder unwissend, wenn es um die Frage des Gemeinwohls geht. Wir können und müssen uns deshalb alle am kollektiven Denkprozess und an der Regierung der *res publica* beteiligen. Wir alle sind die Garanten der Institutionen, die wir uns gegeben haben.

Der Schriftsteller Stendhal hat dieses System, das die gemeinsame Zukunft gleichermaßen von einem Bäcker wie von einem Wissenschaftler abhängig macht, kritisiert. Fälschlicherweise hielt er es für einfältigen Optimismus, auf das staatsbürgerliche Bewusstsein eines Bäckers zu vertrauen. Man könnte in dieser Hinsicht jedoch auch dem Wissenschaftler radikal misstrauisch begegnen. Der Gedanke, die Verantwortung für die Regierung gleichmäßig auf alle zu verteilen, beruht nicht auf einem Irrtum weltfremder Menschen, sondern kalkuliert die Fehlbarkeit aller ein. Descartes' berühmte Maxime, der gesunde Menschenverstand sei die am gleichmäßigsten verteilte Sache der Welt, bedeutet nicht zwingend, dass wir alle klug sind, sondern es kann auch das Gegenteil heißen: Uns allen mangelt es gleichermaßen an Einsicht. Keinen Zweifel lässt die Maxime jedoch daran, dass wir alle die gleichen Voraussetzungen haben, um Entscheidungen über Gemeinschaftsfragen zu treffen. So lautete schon die Botschaft in Platons Dialog *Menon*, in dem Sokrates einen Sklaven unter den ungläubigen Blicken des Sklavenhalters die Seitenlänge eines Quadrats berechnen lässt. Ausgedrückt wird darin das Prinzip der Demokratie: Wir sind alle Lehrer und Schüler, Repräsentanten und Repräsentierte, Herrschende und Beherrschte.

Wir fordern heute die Rückkehr zu diesem Prinzip. Doch gemeinsam über die Zukunft zu entscheiden, verlangt jedem von uns ab, seine Haltung zu ändern. Man beteiligt sich nicht an der Regierung eines Staates, wie man ein *Like* für ein Posting auf Facebook verteilt. Wir wollen zwar alle mehr Demokratie ausüben, sind uns aber nicht zwingend bewusst, welche Anstrengungen und Opfer sie uns abverlangt. Kingersheim ist eine

Kleinstadt in der Nähe von Mulhouse. Dort leben mehrheitlich Arbeiter und Angestellte, die bei landesweiten Wahlen rechts oder rechtsextrem gewählt haben. Kingersheim ist aber auch eines der erstaunlichsten staatsbürgerlichen Labore in ganz Frankreich. Der Bürgermeister Jo Spiegel hat es sich zur Aufgabe gemacht, seine Stadt wieder zusammenzubringen, indem er die Kommunalpolitik neu erfindet – und, wie er sagt, die Republik – also das Streben nach dem Gemeinwohl – mit der Demokratie versöhnt – also mit der Art, wie dieses Streben organisiert werden soll. Die Idee ist einfach: Die Bürger werden an allen Überlegungen und Entscheidungsprozessen beteiligt.

Entstanden ist diese Idee während eines Stadtspaziergangs im Jahr 1998. Jo Spiegel klopfte an jede Tür und forderte die Bürger auf, sich an der Kommunalregierung zu beteiligen. Er gab ihnen einen detaillierten Fragebogen über die künftige Politik: »Aus 5500 Haushalten erhielten wir 2500 Antworten, das war eine tolle Überraschung! Die andere, weniger erfreuliche Überraschung war der Inhalt der Antworten ... Um ein Beispiel von vielen zu zitieren: 82 Prozent der Leute wollten nichts vom sozialen Wohnungsbau wissen, obwohl 80 Prozent von ihnen ein Recht auf eine solche Wohnung gehabt hätten. Sie hatten Angst. Oder Angst vor der Angst. Obwohl die Verbrechensrate niedrig war, wollten sie nicht, dass ›die Araber kommen‹. Meiner Ansicht nach hatten wir zwei Möglichkeiten: entweder festzustellen, dass Demokratie unmöglich ist und wir die Einwohner nie wieder nach ihrer Meinung fragen. Oder die Demokratie wirklich zum Leben zu erwecken, die Leute wie Bürger zu behandeln und sie dazu zu bringen, ihre Vorurteile im Zuge der direkten Regierungserfahrung abzulegen.«

Um der Krise der Demokratie die Demokratie selbst entgegenzusetzen, berief er ein hybrides Gremium ein (»[hybrid] ist das Schlüsselwort für alles, was wir hier machen«). Es bestand aus engagierten Bürgern und Vertretern der wichtigsten städtischen Institutionen. Die Versammlung sollte die großen Ziele der Stadt definieren. Ausgehend von diesem Gremium wurden partizipative Räte ins Leben gerufen, die sich um die Umsetzung dieser Ziele kümmern. »Wir haben genauso viele Räte wie Projekte.« Die Räte, die nur bestehen, solange sie gebraucht werden, setzen sich zu je 40 Prozent aus Freiwilligen, zu 20 Prozent aus vom jeweiligen Projekt direkt Betroffenen und zu 40 Prozent aus per Losverfahren ausgewählten Bürgern zusammen. Bislang wurden so fast 1000 (von 9000 Wahlberechtigten) beteiligt.

Jo Spiegel ist alles andere als ein Populist oder Demagoge. Er hat sich ganz der partizipativen Demokratie verschrieben, will diese aber eher grundsätzlich verstanden wissen: »Ich beschäftige mich nicht mit Hundehaufen oder Geranien. Ich gehe nicht auf Richtfeste oder Amtseinführungen. Ich rede nur mit den Bürgern. Mit dem Bürger in jedem von uns.« Eine ausschließlich direkte Demokratie lehnt er zudem ab: »Man muss eine Form vertikaler Repräsentation beibehalten. Und gewisse Anforderungen. Die Leute protestieren gern, müssen aber auch lernen, konstruktiv zu sein – weniger spontan, künstlicher. Von Stéphane Hessels Streitschrift *Empört euch!* fühlten sich alle angesprochen, von der Forderung *Engagiert euch!* eher weniger …«

Bei der Auslosung für die partizipativen Räte nahm nur jeder Sechste das Los an: »Es gibt viele Hindernisse: Von Selbstzensur über mangelndes Interesse am Staatswesen bis hin zu schlichtem Zeitmangel. Die Gesellschaft hat jahrzehntelang Individuen geformt, aus denen sich jetzt nicht per Handstreich Bürger machen lassen. Um ehrlich zu sein: Demokratie ist ein verführerischer Begriff, aber ein langwieriger Prozess. Die Beteiligten müssen sich für lange Zeit verpflichten – Demokratie kennt keine Unmittelbarkeit – und sich an widersprüchliche Regeln halten. All das passt nicht so recht zum Zeitgeist.«

Tatsächlich ist ein Sitz in einem der partizipativen Räte kein gemütliches Pöstchen. Die Mitglieder absolvieren zunächst Weiterbildungen in den Themenbereichen, die mit ihrem Projekt in Verbindung stehen: »Im Bereich lokale Stadtentwicklung über die nächsten 20 Jahre haben wir beispielsweise stundenlang mit Forschern und Experten über das Verhältnis von lokal zu global gesprochen. Wir haben die Ökologie zur Grundlage unserer Überlegungen gemacht, und alle Teilnehmer haben sich zu Experten für das Kyoto-Protokoll entwickelt. Die Frage, die sich den Bürgern stellte, war alles andere als einfach: Wie lässt sich ein Gleichgewicht zwischen dem Bedarf nach neuem Wohnraum und dem Umweltschutz finden, insbesondere, wenn unbebautes Gebiet nicht zubetoniert werden darf? Zugleich mussten natürlich die im Budget begründeten Zwänge berücksichtigt werden ... Wir haben mit einer auf nachhaltige Entwicklung spezialisierten Gruppe zusammengearbeitet. Es geht darum, dass die Bürger sich existierendes Wissen aneignen, um die bestmögliche, informierte Entscheidung zu treffen, die in der Gemeinschaft gereift ist.«

Bürgerbeteiligung bedeutet in Kingersheim nicht einfach bloße Meinungsäußerung. Vielmehr verändert sich der Einzelne, wenn er in einen Prozess kollektiven Nachdenkens eingebunden ist. Dann aber besteht das Risiko, dass sich die nun zu Experten gewordenen Ratsmitglieder vom Rest der Bürgerschaft abkoppeln. Deshalb werden sie verpflichtet, ihre Arbeit jenen Einwohnern zu vermitteln, die nicht an den Räten teilnehmen. »Ich habe sehr schnell bemerkt, dass die Engagierten nur noch miteinander sprechen. Denn sie wissen Bescheid, sie handeln, und die anderen wissen nichts und tun nichts. So entstand die Idee, regelmäßige Treffen in den Stadtvierteln zu veranstalten. Um 18 Uhr öffnen wir die Türen und die Bar und laden das ganze Viertel zu einer Gesprächsrunde ein. Die Einwohner können sich mündlich oder über Post-its äußern. Erstaunlicherweise thematisierten sie immer nur das, was nicht funktionierte. Also teilten wir die Treffen: Zuerst ist Zeit für Klagen, danach für produktive Vorschläge. Die Bürger können jetzt auch schriftlich ihr Wohlwollen dokumentieren. Was gut funktioniert, wird festgehalten und wieder so gemacht.«

Jo Spiegel wünscht sich eine »neue demokratische Grammatik, die gemeinsam geschrieben« werden müsse. Er selbst stellt sich in die Tradition von Pierre Mendès France, der 1962 dazu aufrief, »die partizipative Demokratie zu verwirklichen«, und mahnte: »Demokratie heißt nicht, in regelmäßigen Abständen einen Zettel in eine Urne zu werfen, die Macht an einen oder mehrere Vertreter zu delegieren und sich dann jahrelang nicht mehr für die Dinge zu interessieren. Demokratie ist das kontinuierliche Handeln des Bürgers.«[17] Dieser Ansatz wurde in Frankreich nie wirklich versucht. Die Debatte im linken Lager wurde zugunsten Mitterrands und der vertikalen Präsidentschaft unterbunden. Ist es heute, im Jahr 2018, nicht an der Zeit, die Republik zu entmonarchisieren? Wie lassen sich die lokalen Demokratieexperimente auf die nationale Ebene übertragen?

Es gibt viele mögliche Wege, um die Kontrolle der Bürger über die Volksvertreter und öffentlichen Autoritäten zu vergrößern. Unsere Überlegungen müssen dabei von zwei klar unterschiedenen und dennoch untrennbar miteinander verbundenen Zielen geleitet werden: Wir müssen die Demokratie demokratischer und die Repräsentation repräsentativer machen. Wir müssen den Bürgern dauerhaft Verantwortung und Einfluss zurückgeben und erreichen, dass die Volksvertreter das Volk auch wirklich vertreten.

Der Senat, der die Repräsentanten der Repräsentanten beherbergt, ist der Inbegriff der indirekten Demokratie. Er müsste durch einen Bürgersenat ersetzt werden, dessen Mitglieder etwa nach geografischen Kriterien aus der Gesamtheit der Bürger ausgelost werden sollten. Er müsste die von der Nationalversammlung verabschiedeten Gesetze kontrollieren, die Exekutive überwachen, wäre allein befugt, Referenden durchzuführen, und hätte seinen Sitz in einer mittelgroßen Stadt außerhalb von Paris, etwa in Clermont-Ferrand, Saint-Étienne, Grenoble oder Angers. Das französische Parlament müsste hybrid werden, also aus einer klassisch gewählten Nationalversammlung und einem durch Auslosung bestimmten Bürgersenat bestehen.

Ganzjährig müssten Bürgerkonferenzen stattfinden, und zwar nach dem von Dominique Rousseau in *Radicaliser la démocratie* [Die Demokratie radikalisieren] vorgeschlagenen Modell.[18] Jede Region würde 30 gleichermaßen zufällig ausgeloste Bürger stellen, die normative Vorschläge zu Themen von allgemeinem Interesse erarbeiten. Wie in Kingersheim bekämen sie zu den betreffenden Themen Weiterbildungen, hielten Anhörungen für die jeweiligen Akteure ab und legten die Gesetzesvorhaben dann dem Parlament vor. Diese Konferenzen wären jeder und jedem zugänglich. Die Debatten wären mittels spezifischer Onlineforen interaktiv.

Die neuen Technologien würden helfen, die unserem repräsentativen System hinzugefügte direkte Demokratie zu verbreiten. Bislang wurde gegen jede Alternative zur streng indirekten Demokratie immer das Argument vorgebracht, man könne nicht das ganze Land in einer Versammlung zusammenbringen; die direkte Demokratie funktioniere nur für Städte oder Dörfer. Die digitale Revolution macht dieses Argument hinfällig. Der Anglizismus *civic tech* bezeichnet neue Technologien im Dienst der Demokratie und ist weit republikanischer als Macrons *Start-up Nation*. In Finnland hilft die Plattform »Open Ministry« den Bürgern bei der Erarbeitung neuer Gesetzesinitiativen. Sie können sie dem Parlament vorlegen, sobald sie über 50 000 Unterschriften gesammelt haben. Diesem partizipativen Prozess ist etwa die im Dezember 2014 vom finnischen Parlament verabschiedete Ehe für alle zu verdanken.

Wir müssen wieder Kontrolle erlangen über den Slogan »die Kontrolle zurückgewinnen«. Wir dürfen ihn nicht nationalistischen Demagogen überlassen und müssen ihn im Herzen unserer Institutionen in Fakten übersetzen. Dem wachsenden Populismus kommen wir nicht mit weniger Demokratie bei, sondern mit einer tatsächlichen Rückkehr zur Souveränität des *demos*. Dass wir den Bürgern die Macht – und damit die Pflichten und die Verantwortung – zurückgeben, ist derzeit von höchster Dringlichkeit.

2 Für die direkte Teilhabe an der Regierung der Republik bedarf es entsprechender Mittel. Die Republik stellt sicher, dass alle ihre Mitglieder genügend Ressourcen haben, um aktive Bürger zu werden. Im Gegenzug fordert sie, dass die Menschen zu ebendiesen Bürgern werden. Sie richtet ein Grundeinkommen und einen allgemeinen Zivildienst ein.

Wenn die Menschen Zeit und Energie für das öffentliche Leben aufwenden sollen, müssen sie über die dazu nötigen Mittel verfügen. Wer unter der Armutsgrenze lebt, muss sich auf das eigene Überleben konzentrieren und kann sich schwerlich anderweitig engagieren. Ein arbeitsreiches Leben verlangt uns oft alle geistigen und körperlichen Ressourcen ab, sodass politisches Engagement schwierig wird. Damit Politik kein Luxus mehr ist, den sich nur eine finanzielle Elite leisten kann, sind tief greifende Änderungen unserer sozialen Sicherungssysteme, unseres Verhältnisses zur Arbeit und unseres Verständnisses von Bürgerschaft nötig.

Die antike Vorstellung von Freiheit als Partizipation – und eben nicht als Rückzug ins Private – ruhte größtenteils auf einem System, dessen Rückkehr sich heute niemand wünscht (wenigstens nicht öffentlich): der Sklaverei. Die Bürger Athens konnten dem Staatswesen viel Zeit und Energie widmen, weil ein großer Teil vor allem der niederen Arbeiten von Sklaven übernommen wurde, die dafür fast keine monetäre oder symbolische Anerkennung erhielten. Auch das von Machiavelli so geschätzte Rom hätte in dieser Form, ohne die zahllosen, auf den Status von Maschinen reduzierten Menschen im Frondienst, nicht existieren können. Rom unterwarf und plünderte zudem einen Großteil der damals bekannten Welt. Beides soll sicherlich nicht Teil unserer staatsbürgerlichen Erneuerung sein. Wir brauchen offenbar andere Lösungen.

Mögliche Ideen liefern die technologische und naturwissenschaftliche Forschung sowie die Linguistik. Betrachten wir die Etymologie des Begriffs »Roboter«: Er stammt vom tschechischen *robota*, was Arbeit, Aufgabe oder Frondienst bedeutet.[19] (*Rab* heißt in fast allen slawischen Sprachen *Sklave*.) Ich selbst bin manchmal eher ein Techniksceptiker. Ganz anders der Philosoph Michel Serres, der die künstliche Intelligenz (KI) als eine entscheidende Möglichkeit dafür sieht, eine Beteiligung aller am öffentlichen Leben zu erlauben. Serres und anderen zufolge kann die KI die produktive Funktion der antiken Sklaven übernehmen und den Bürgern so die Möglichkeit eröffnen, zu einer aktiven Staatsbürgerschaft zurückzukehren. Allerdings unter der Bedingung, dass sie im Dienst eines gesellschaftlichen Projektes steht.

Ohne eine Neuorganisation des Staates werden wir für den technischen Fortschritt einen hohen gesellschaftlichen Preis zahlen müssen. Damit Maschinen zu Freiheit anstatt zu Entfremdung führen, muss das gesamte Kollektiv an den von ihnen generierten Profiten teilhaben. Technologien werden Produktivitätssteigerungen auslösen, die viele Angestellte obsolet machen. Der Reichtum, der mit immer weniger menschlicher Arbeit erzielt wird, muss auf alle verteilt und Maschinen müssen besteuert werden. Unsere Beziehung zur Arbeit muss sich gemäß dieser technischen Revolution verändern, indem wir Arbeitsverhältnisse jenseits der marktgetriebenen Branchen aufwerten.

Der Gedanke eines Grundeinkommens erscheint derzeit so reizvoll, weil er doppelt ehrgeizig ist: Er könnte helfen, unsere Definition von Arbeit an die technischen Umwälzungen anzupassen, und er könnte jeden am global produzierten Reichtum teilhaben lassen, sodass niemand unter die Armutsgrenze fiele und alle die Möglichkeit hätten, sich für etwas anderes als die Wirtschaft einzusetzen. Noch vor wenigen Jahren galt das Grundeinkommen als völlig verrückt. Heute reicht das Spektrum derer, die es fordern, von Ultraliberalen bis zu Linksradikalen.

Der niederländische Journalist und Aktivist Rutger Bregman gehört zu den einflussreichsten Befürwortern des Grundeinkommens. Er dokumentiert die Veränderungen des Arbeitsmarktes und verdeutlicht mit Realismus und Finanzexpertise, dass »Gratisgeld« die Gesellschaft letztlich weniger kostet als das Elend, das man mit ihm beheben könnte. Seine Argumentation fußt auf konkreten Beispielen: Eine Gruppe Obdachloser in London erhielt ausreichend finanzielle Mittel, um Mietwohnungen finanzieren zu können. Damit sparte die Stadt viel ein (drastisch verringerte Arzt-, Justiz- und Unterbringungskosten). Eine NGO gab Straßenkindern in Liberia Geld statt Hilfsgütern, sodass die Kinder Kleinstunternehmen gründen konnten – mit beeindruckendem Erfolg. Eine kanadische Provinz experimentierte in den 1970er-Jahren mit dem Grundeinkommen und stellte fest, dass die Gesundheits- und Justizausgaben zurückgingen und die Produktivität stieg ... Auch wenn es berechtigte kritische Einwände und offene Fragen gibt, zeigt die Erfahrung, es lohnt sich, auf Solidarität zu setzen. Warum nur wird dermaßen gezögert, es auszuprobieren?

Die Ausgangsinvestitionen sind zunächst natürlich astronomisch hoch. Der Staat müsste deshalb begreifen, wie ein Grundeinkommen ihm helfen würde, die gegenwärtige Krise zu überwinden. Ehrlicherweise muss man sagen, dass das Grundeinkommen allein diese Wende gar nicht schaffen kann. Wird es nämlich nur als Vollendung der Rechte des Individuums verstanden, kann es nicht das Ende der Gesellschaft der Einsamkeit einleiten, die unsere Republik zersetzt. Es ist kein Zufall, dass der Gedanke des Grundeinkommens so vielen Neoliberalen gefällt: Sie halten es für eine Möglichkeit, sozialen Frieden zu erkaufen, während sie weiter am Abbau der kollektiven Strukturen arbeiten, die den Staat am Leben halten. Eine letzte Etappe der Individualisierung des gesellschaftlichen Lebens. Um das zu verhindern, muss das Grundeinkommen Teil eines umfassenderen Projektes sein, das ihm Sinn verleiht und es in den Dienst aller, des gesamten Kollektivs stellt, sodass es nicht nur jedem einzelnen Mitglied des Kollektivs nützt.

Zu diesem Thema fand im Frühling 2018 auf Einladung des European Lab eine Diskussionsrunde mit Rutger Bregman statt, an der auch ich teilgenommen habe. Am Beginn der Veranstaltung an der Universität Lyon III stand eine Gemeinsamkeit, nämlich die Ablehnung des Status quo sowie die Zurückweisung des Populismus. Danach kam der Dissens, also das echte Nachdenken. Es ging um die Frage, ob das staatsbürgerliche Projekt ein Grundeinkommen und gleichwohl eine von jedem Empfänger des Grundeinkommens – also uns allen – zu entrichtende Zwangsabgabe beinhalten sollte. Das Publikum war gespalten.

Unsere Frage hatte die Kluft sichtbar werden lassen, die quer durch das zeitgenössische progressistische Denken verläuft. Als ich davon sprach, dass es für uns alle notwendig sei, aktive Bürger zu sein, und die Möglichkeit in Betracht zog, der Staat könne dies von uns verlangen, rief Bregman: »Raphaël! Deine Vorstellung von Öffentlichkeit ist ein Flirt mit dem Autoritarismus!« Und hier liegt der Kern des Problems: Darf die Politik unsere Freiheiten einschränken? Bis zu welchem Punkt stehen wir in der Pflicht des Staates? Gehen die neuen Rechte, deren Umrisse wir gerade skizziert haben, mit neuen Pflichten einher? Zusammengefasst also: Welche konkrete Gestalt nimmt unsere Zugehörigkeit zu einem Gemeinwesen in unserem Alltagsleben an?

Die Progressivisten beschäftigen sich meist nur mit einem einzigen Aspekt des Gesellschaftsvertrags, nämlich mit den Rechten. Über die Frage nach den Pflichten, die mit diesen Rechten korrespondieren, gehen sie hinweg. Der ideale Staat ermöglicht den Menschen in ihren Augen, das zu sein, was sie sind, zu tun, was sie wollen, und zu leben, wie sie es wünschen. Das ist ein schöner Gedanke, aber ihm fehlt eine *gemeinsame* Vorstellung von Rechten und Pflichten. Ohne einen solchen Horizont ist das Grundeinkommen nur eine gesellschaftlich akzeptable Variante der individualistischen Logik. Ich dagegen sehe es als Präludium zur Rückkehr der Politik in unser Leben. Es ist kein Selbstzweck, sondern ein Ausgangspunkt.

Deshalb muss das Grundeinkommen mit einem allgemeinen Zivildienst kombiniert werden – wobei allgemein hier verpflichtend bedeutet. Damit jedes Individuum wieder lernt, dass es zu einem Gemeinwesen gehört, das keine Geldverteilstelle oder Sicherheitsfirma ist, muss dieses Gemeinwesen es *zwingen*, Zeit und Energie für das Gemeinwohl aufzuwenden. Zu einem bestimmten Zeitpunkt unseres Lebens müssen wir dazu angehalten sein, als Privatpersonen zurückzutreten und nicht mehr nur das zu tun, was wir wollen, sondern das, was die Republik von uns braucht.

Ich kann noch immer den Schauder spüren, der durchs Publikum ging, als ich von »Zwang« und »Verpflichtung« sprach. Mein junges, überwiegend fortschrittlich eingestelltes Publikum äußert regelmäßig das Gegenargument: »Wenn man den Zivildienst verpflichtend macht, verliert er seinen altruistischen Kern. Man sollte eher an Willen, Gewissen und Verantwortung jedes Einzelnen appellieren.« Dieser Gedanke läuft letztlich darauf hinaus, dass Zwang ein »rechtes«, »veraltetes« Konzept sei. Dabei versuche ich unablässig, das Gegenteil zu erklären: Wenn wir einen neuen Progressismus begründen wollen, der nicht nur den gegenwärtigen Lauf der Dinge bestätigt und sich nicht damit zufriedengibt, Fürsprecher des Kapitalismus zu sein, müssen wir den Gedanken der kollektiven Pflicht rehabilitieren. Wäre die Dritte Republik der Überzeugung gewesen, Verbote seien verboten, würden unsere Kinder noch heute in Fabriken schuften.

Ein freiwilliger Zivildienst wirkt sich auf die Gesellschaft nur oberflächlich aus. Die Bürger, die sich dafür melden, fühlen sich bereits einem Ganzen zugehörig und wollen etwas für ihren Staat tun. Die anderen leben weiterhin ihr Leben, ob arm oder reich, und kümmern sich nicht um das Gemeinwesen. Wir sind uns im Allgemeinen darüber einig, dass es utopisch ist, ein Volk zu bilden, wenn ein Jugendlicher aus der Kleinstadt nie einem Jugendlichen aus einer reichen Gegend der Hauptstadt oder jemandem vom Land begegnet. Umgekehrt streiten wir uns aber über den nötigen Umfang, in dem wir uns alle an der Rettung unserer Republik beteiligen müssen. Die Anhänger eines freiwilligen Zivildienstes glauben, die Mauern der Gettos verschwänden, wenn man nur die Mittel zur Verfügung stellen würde, um darüberzuklettern.* Aber Mauern stürzen nur ein, wenn die Mehrheit sie durchbricht. Die Entwurzelung, im positiven Sinn, die ein Zivildienst bewirken kann, kann nur dann wirksam sein, wenn sie universell ist. Und sie kann nur universell sein, wenn sie verpflichtend ist, denn ihr Sinn besteht gerade darin, diese Pflicht gemeinsam anzunehmen. Wenn jeder Einzelne entdeckt, dass er sich nicht ausschließlich sich selbst gehört und sich als Perspektive nicht genügt, verwandelt sich der *homo oeconomicus* in einen Staatsbürger.

---

* In gewissem Sinne übertragen sie die liberale Theorie des Trickle-down-Effekts von der Wirtschaft auf den Staat. Diese Theorie funktioniert jedoch auf staatlicher Ebene genauso wenig wie in der Ökonomie. Die Ähnlichkeit der Argumentation ist kein Zufall: Ungeachtet ihrer Gleichheitsrhetorik bleiben diese Progressivisten doch Individualisten und schaffen es nicht, philosophisch sauber mit dem Neoliberalismus zu brechen.

3 Weil die liberale Demokratie sich zu einer Oligarchie entwickelt, muss der Staat eine klare Grenze zwischen öffentlicher und privater Sphäre ziehen. Das ist die conditio sine qua non wirklich freier kollektiver Meinungsbildung.

»Alle Politiker sind korrupt!« Diese Haltung ist nicht neu, hält sich aber unverändert. Sie ist eindeutig falsch – die Staatschefs sind nicht alle korrupt –, aber sie fußt doch auf realen und tief greifenden Verwerfungen unserer Demokratie. Korruption bedeutet nach Machiavelli die Vereinnahmung des Allgemeininteresses durch Einzelinteressen und den Autonomieverlust der politischen Führung und ist damit einer der Hauptgründe für die Erosion des gesellschaftlichen Konsenses hinsichtlich unserer Institutionen. Diesen Konsens wieder herzustellen, setzt die Beschäftigung mit der Jahrzehnte währenden Vermischung der Sphären voraus.

Nach dem Ende seines Mandats wechselte der ehemalige Bundeskanzler Gerhard Schröder zu Gazprom – zu jener ausländischen Firma, die am stärksten von seiner im Amt getroffenen Entscheidung, eine Gasfernleitung in der Nordsee bauen zu lassen, profitiert hatte. Nach seinem Rücktritt als Chef der EU-Kommission ging José Manuel Barroso zur Investmentbank Goldman Sachs, die in die Subprime-Krise und die Vertuschung der griechischen Schulden verwickelt war. Die beiden Politiker haben damit keine geltenden Gesetze gebrochen. Dennoch haben sie mit ihren Wechseln die öffentlichen Funktionen diskreditiert, die sie zuvor innehatten. Die beiden Beispiele verdeutlichen ein Problem, das eher struktureller als personeller Natur ist. Der Kampf gegen die Korruption hat zwar Fortschritte gemacht, aber die Gesetze zur »Moralisierung« des öffentlichen Lebens verkennen das Wesentliche, nämlich die wachsende gegenseitige Durchlässigkeit von Staat und Wirtschaft.*

Zunächst muss dringend eine Trennung zwischen Volksvertretern und Privatinteressen geschaffen werden. Es wäre zwar absurd, hochrangigen Funktionären oder Politikern zu verbieten, nach dem Ende ihrer Amtszeit Karriere in der Wirtschaft zu machen, oder Wirtschaftsvertretern zu untersagen, in den Staatsdienst einzutreten. Und doch besteht eine Unvereinbarkeit bestimmter öffentlicher Ämter und privater Funktionen. Die Regeln für einen Wechsel gewählter Volksvertreter oder Funktionäre in die Privatwirtschaft, etwa zwischen zwei Mandaten, müssen strenger werden.

Von entscheidender Bedeutung ist auch die Frage, wer die Einhaltung dieser Regeln beaufsichtigen soll. Bislang ist in Frankreich eine Kommission aus hochrangigen Funktionären mit dieser Aufgabe betraut. Dass sie sich großzügig zeigt, ist wenig überraschend. Sie muss durch eine eigens dafür eingerichtete Kommission des Senats ersetzt werden, die von unabhängigen Juristen beraten wird. Die Kontrolle der Vermischung von öffentlicher Verwaltung und Privatinteressen würde so wieder von den Bürgern selbst übernommen. Gleiches muss für die gewählten Volksvertreter gelten. Geschieht dies nicht, stehen die öffentlichen Institutionen unter ständig wachsendem Verdacht.

Am Abend des 27. August 2018 fand im Élysée eine Sitzung

---

* Bereits der Begriff »Moralisierung« zeigt, dass die lobenswerten Initiativen gegen Korruption sich im Register irren. Es geht nicht einfach oder hauptsächlich um »Moral«. Entscheidend ist nicht, auf Fehlverhalten Einzelner zu reagieren, sondern eine systemische Regellosigkeit zu korrigieren, die jenen, die viel Geld haben, zu viel Macht über die Macht gibt.

zum Thema Jagd und Artenvielfalt statt. Nicolas Hulot saß dort Thierry Coste gegenüber, dem Chef der Jägerlobby. Coste, seit Langem ein Vertrauter des Präsidenten, konnte sich durchsetzen: Die Kosten für den Jagdschein wurden halbiert. Hulot wurde klar, dass ein Vertreter von Einzelinteressen mehr Macht hatte als er selbst. Am nächsten Tag trat er zurück und kritisierte die Macht der Lobbyisten über den Staat: »Irgendwann müssen wir das Thema ansprechen, weil es ein Problem der Demokratie ist: Wer hat die Macht? Wer regiert?« Wenn wir diese Frage nicht beantworten, haben wir keine Chance, das Vertrauen in die Institutionen der liberalen Demokratie wieder herzustellen.

Claire Nouvian, die sich unermüdlich für den Schutz der Weltmeere einsetzt, kämpft unaufhörlich gegen viele dieser Lobbys, vor allem gegen die Vertreter der Fischfangindustrie. Ihr jüngster Einsatz gegen die Zulassung der Elektrofischerei legte offen, dass die Lobbyisten bereits bis ins Herz der europäischen Institutionen vorgedrungen sind. Diese besondere Fangtechnik wurde 1998 verboten, weil sie drohte, unsere Meere leer zu fischen und sämtliche Kleinfischer zu ruinieren. Beeinflusst durch niederländische Lobbyisten entschied die Europäische Kommission gegen den Rat ihres eigenen Wissenschaftskomitees, das Elektrofischen doch wieder zu erlauben. Die Entscheidung der Kommission illustriert die dunklen Seiten dessen, wie Brüssel funktioniert: Im letzten Moment wurde einem Dokument über die Jahresfischfangquoten ein Passus hinzugefügt, der die Elektrofischerei in der Nordsee erlaubte. Claire Nouvian sagte dazu: »Nachdem man auf dem Gang mit Lobbyisten diskutiert hat, schuf man heimlich ein weltweites Problem, nämlich das Leerfischen der Meere.«

Zehn Jahre später ging die Kommission noch weiter und hob die geografische Beschränkung gänzlich auf. Die Elektrofischerei war nun überall erlaubt. Claire Nouvian und ihre Organisation BLOOM begannen daraufhin eine mediale und politische Kampagne, die auch die Bürger mobilisierte. So wurde ein Thema öffentlich, das man stets geheim halten wollte. Das Vordringen der öffentlichen Meinung zu den abgeschotteten Entscheidern ist die beste Art, gegen die Durchsetzung von Einzelinteressen zu kämpfen: »Wir müssen begreifen, dass hier ein Ungleichgewicht der Kräfte besteht: BLOOM hat sieben Mitarbeiter. Die Fischfangindustrie, die in der Organisation Europêche organisiert ist, hat 60 Lobbyisten, die in Vollzeit in Brüssel tätig sind. Und die kleinen Fischer haben niemanden, der für sie spricht oder kontrolliert, wie die sie betreffenden Entscheidungen zustande kommen. Letztlich konnten wir uns durchsetzen: Das Parlament hat sich mit dem Thema befasst und den Vorschlag der EU-Kommission abgelehnt. Diese Schlacht haben wir zwar gewonnen, aber wie viele Schlachten werden gar nicht erst geschlagen, weil sie der Öffentlichkeit nicht bekannt sind? Das Grundproblem ist das Missverhältnis zwischen den Ressourcen, die den großen privaten Interessengruppen zur Verfügung stehen, und den Ressourcen der Umweltschützer oder des Allgemeininteresses.«

Es gibt ein Europa der Lobbys, darunter zum Beispiel eine Atom- und eine Öllobby, die in vielen Ländern Einfluss auf die gesamten Staatsapparate bis zu den Führungsspitzen nehmen können. Wie kann die Entscheidungsfindung demokratisch bleiben, wenn ihr immense Summen und umfangreiche Formen der Einflussnahme entgegenstehen? Claire Nouvian ruft die staatlichen Institutionen auf, das Gleichgewicht wieder herzustellen: »Ziel ist nicht, die Lobbys als solche zu verbieten. Das ist unmöglich und wäre für die Demokratie kontraproduktiv. Es geht vielmehr darum, das Kräfteverhältnis ins Gleichgewicht zu bringen. Weniger mächtige Einzelinteressen, etwa die der kleinen, durch Elektrofischerei in den Ruin getriebenen Fischer, müssen besser repräsentiert werden und ein echtes Gegengewicht zu den großen Wirtschaftsverbänden bilden. Zwei Entwicklungen sind entscheidend: Die vorhandenen Kräfte müssen wieder ins Gleichgewicht gebracht werden, und es muss echte Transparenz hinsichtlich der Entscheidungen und der Treffen mit den Volksvertretern herrschen. Es bleibt das Problem der Aufrichtigkeit des einzelnen Abgeordneten, das sich nicht durch Gesetze oder Regeln lösen lässt, sondern nur durch eine grundlegende Veränderung der Mentalität ...«

Während ihrer Kampagne wurde Claire Nouvian davon überrascht, wie viele Lügen von den Europêche-Lobbyisten gegenüber den Abgeordneten verbreitet wurden. Frei erfundene Dokumente wurden als wissenschaftliche Expertisen ausgegeben. »Wenn man *fake news* bekämpfen will, muss man sich auch mit der systematischen Desinformation durch die Lobbys beschäftigen, ehe man gegen Lügenposts auf Facebook vorgeht.« Die Informationen, die den Volksvertretern im jeweiligen Moment der Stimmabgabe vorliegen, sind von entscheidender Bedeutung. Genau wie die Informationen der Bürger zum Zeitpunkt der Wahl. Einziger Garant demokratischer Entscheidungen ist die freie, transparente öffentliche Debatte mit all ihren Widersprüchen.

Werden die Bedingungen, die für diese Debatte nötig sind, heute wirklich alle erfüllt? Um wohlüberlegte, informierte Entscheidungen treffen zu können, müssen die Bürger Zugang zu frei und unabhängig erhobenen Informationen haben. Angesichts der Tatsache, dass die meisten großen Medienkonzerne wenigen Privatunternehmern gehören, darf man sich fragen, ob das wirklich der Fall ist. Diese Milliardäre hegen nicht unbedingt böse Absichten, wollen nicht zwingend in staatliche Prozesse eingreifen, und ihre Kontrolle über die Medien mindert nicht die Qualität und Integrität der Journalisten, die für sie arbeiten. Doch eine derartige Konzentration ist nicht gut für die Demokratie. Die zunehmenden Attacken auf die »Lügenpresse« sind ungerechtfertigt und das Ergebnis von Verschwörungstheorien, die den Staat gefährden. Die Reaktion darf sich aber nicht darauf beschränken, in den sozialen Medien Jagd auf *fake news* zu machen – das wird schlicht nicht reichen.

Vielmehr muss der Staat Informationen als Gemeingut betrachten und den Schutz der freien, pluralistischen und unabhängigen Presse zum Allgemeininteresse erklären. Aus diesem Blickwinkel wird die Autonomie der Journalisten gegenüber den Aktionären der großen Medienunternehmen verstärkt und die Entstehung unabhängiger Medien gefördert. Benötigt werden dafür ein neuer Gesetzesrahmen und das systematische Einschreiten des Staates. In ihrem Buch *Rettet die Medien* schlägt Julia Cagé die Schaffung einer neuen juristischen Entität vor – einer nicht gewinnorientierten Mediengesellschaft, die eine Mischung zwischen Kooperative und Wirtschaftsunternehmen sein könnte. Ein System von Steuerersparnissen könnte die Bürger dazu bringen, sich zu beteiligen. Kosten entstünden ihnen kaum: »Auf diese Weise könnten die Staaten eine indirekte Finanzierung bieten, die keine Möglichkeit zur Einmischung böte.«[20] Die Hauptaktionäre (mit über 10 Prozent Anteilen) müssten ihre Stimmrechte zugunsten der kleineren Anteilseigner (mit 1 bis 10 Prozent der Anteile) einschränken. Die staatliche Investmentbank müsste einen Zweig einrichten, der Kredite zu verringerten Zinsen (oder zinsfrei) und mit langer Laufzeit an jene Medien vergibt, die sich an diese Vorgaben halten. Der Staat darf die Informationen nicht kontrollieren, aber wenn es die Wirtschaft an seiner Stelle tut, ist das genauso ungesund. Auf dem Rückweg zum demokratischen Konsens ist die Rückgabe der Kontrolle über die öffentliche Debatte an die Öffentlichkeit ein ganz entscheidender Schritt.

4 Der Nationalstaat hat nicht das Monopol auf demokratische Legitimität. Ein »Girondistenpakt« muss die lokalen, nationalen und europäischen Bedingungen der Volkssouveränität neu definieren.

Paris ist weit weg und Brüssel noch weiter. Die Wirtschaft ist globalisiert, wir sind noch nie so viel gereist, das Internet ermöglicht uns unmittelbaren Zugang zu weltweit geführten Debatten, und dennoch ist uns das Lokale am wichtigsten. Die Bürgermeister sind die einzigen gewählten Volksvertreter, die beliebt bleiben, wenn der Rest der Politikerzunft kritisiert wird. Entgegen der seit den 1990er-Jahren maßlosen Globalisierung sehnen wir uns nach Zugehörigkeit zu einer bestimmten Region. Diese Sehnsucht als »reaktionär« zu stigmatisieren ist dumm, denn kein demokratischer Prozess kommt ohne regionale Verankerung aus. Wenn wir sehen, wohin uns die Verstärkung des Individualismus führt – nämlich in die Post-Demokratie und zur Zerstörung des Planeten –, ist es nur logisch, dass wir uns irgendwo »erden wollen«, wie es Bruno Latour so schön formuliert hat.

Die Ideologie des Lokalen ist genauso gefährlich wie die Religion der Grenzenlosigkeit, der wir noch kaum entronnen sind. Auch hier gilt es, den richtigen Weg zu finden. Und zu akzeptieren, dass dieser nicht für alle Probleme und Projekte gleich ist. Unter dem »girondistischen Pakt« verstehe ich nicht nur eine Dezentralisierung, sondern auch eine gewisse Plastizität hinsichtlich der Entscheidungsfindung und Umsetzung der Politik, eine Aufteilung der Souveränität, die den Bürgern und nicht dem Nationalstaat als solchem gehört.

Individuen können eine multiple und komplexe Identität haben. Sie können sich gleichzeitig als Bretone, Franzose, Europäer, Mensch, Franko-Portugiese, Franko-Äthiopier und vieles mehr fühlen. Ihre Freiheit entstammt der Fähigkeit, mit diesen verschiedenen Zugehörigkeiten zu jonglieren. Genauso können Bürger ihre Souveränität auf verschiedenen Ebenen ausüben. Sie beteiligen sich an der Regierung ihrer Gemeinde, Region, Nation und Europas. Diese verschiedenen Ebenen demokratischer Souveränität sind miteinander vereinbar, sie müssen nur klar umrissen werden. Wir befinden uns auf der Suche nach der richtigen Ebene.*

Im Juni 2018 kam nach einem Vortrag in La Rochelle eine Lehrerin für Geschichte und Geografie auf mich zu, die sich offensichtlich sehr für die Französische Revolution begeisterte. »2017 habe ich einen Kandidaten gewählt, der mir die Rache der Gironde am zentralistischen Jakobinertum versprach. Ich bekam einen Präsidenten, der sich für Ludwig XIV. oder Napoleon hält. Frankreich leidet nicht unter der Tötung Ludwigs XVI., sondern unter dem Mord an den Girondisten! Die große Leer-

---

* In diesem Sinne ist das Adjektiv »souveränistisch« für alle, die jede Souveränität der EU ablehnen, irreführend. Alle Demokraten sind letztlich Souveränisten. Die Politikerinnen und Politiker, die sich als »Souveränisten« bezeichnen, müssten eher »Nationalisten« genannt werden, denn sie begreifen Souveränität nur auf nationaler Ebene und lehnen jede Form supranationaler (und oftmals auch lokaler) Souveränität ab. Es ist widersprüchlich, die EU-Institutionen für ihren Mangel an Demokratie zu kritisieren und gleichzeitig deren stärkere Demokratisierung abzulehnen. Wer diese beiden Haltungen in sich vereint, nutzt die Forderung nach mehr Demokratie nur als Vorwand einer nationalistischen Ideologie.

stelle ist nicht der König, sondern der antiautoritäre Revolutionär ...« Ein Abgeordneter aus Korsika zeigte sich zwei Wochen später ähnlich desillusioniert: »Ich habe Wähler mobilisiert, um Le Pen aufzuhalten, aber auch, weil ich Emmanuel Macron irgendwie für den Erben der zweiten Linken hielt und glaubte, mit ihm in Paris und Gilles Simeoni hier würde sich das Verhältnis endlich entspannen. Das Ergebnis? Macron besuchte die Insel mit Jean-Pierre Chevènement, dem Inbegriff des jakobinischen Nationalismus. Man hat uns gezwungen, alle korsischen Flaggen entlang der Route des Präsidenten abzunehmen. Das ist Politik mit dem Holzhammer! Was für ein Schlamassel!«

Am anderen Ende von Frankreich hatte sich auch Jo Spiegel Sorgen über die Rückkehr des bürokratischen Zentralismus gemacht: »Nehmen wir die Wohnungssteuer, also die soziale Maßnahme, die sich der Staat auf jeden Fall vornehmen wollte. Der Staat hat versprochen, die Gemeinden für die durch die Abschaffung dieser Steuer verlorenen Einnahmen zu entschädigen. Aber die Kommunalregierungen haben ihre Steuersouveränität verloren. Die Wohnungssteuer war ungerecht und musste überarbeitet werden. Aber indem man sie einfach abschaffte, machte man das System noch jakobinischer. Wenn der Staat die Mittel bereitstellt, will er natürlich deren Verwendung kontrollieren. Weniger Steuerautonomie bedeutet weniger lokale Souveränität. Man erzählt uns immer, die Gesellschaft müsse flexibler werden, macht aber den öffentlichen Raum immer starrer. Wir müssen Bürger und Politik näher zusammenbringen, tun aber das Gegenteil ...« Vielen Franzosen, die politisch Mitte-links oder Mitte-rechts stehen, gefiel Macrons »girondistischer Pakt«. Doch Macron hat seine historische Chance verpasst.

Holen wir seine Idee also aus der Mottenkiste der nicht eingelösten Wahlversprechen. Die Republik muss sich neu erfinden, und zwar eher als Organismus denn als Ensemble starrer Institutionen. Republikaner sein bedeutet nicht, vor jedem Staatssymbol niederzuknien und sich zu bekreuzigen, sondern es bedeutet, an der Selbstregierung des Staates zu partizipieren. Und zwar auf allen Ebenen.

Eine Demokratie, die unterhalb der nationalen Ebene lebendig ist, muss auch oberhalb davon, nämlich auf europäischer Ebene, gestärkt werden. Vom Kampf gegen den Klimawandel über die Regulierung multinationaler Konzerne bis zum Kampf gegen den Terrorismus – die großen Fragen der Zeit können nicht auf rein nationaler Ebene behandelt werden. Die europäische Souveränität ausdehnen zu wollen ist nicht idealistisch, sondern realistisch: Es geht darum, ein Niveau zu erreichen, auf dem sich wirksam agieren lässt. Wenn wir wollen, dass unsere Entscheidungen konkret wirken, müssen wir sie auf kontinentaler Ebene treffen. Am Horizont steht letztlich eine europäische Republik. Sie benötigt ein Grundgesetz, das ihre Gründungsprinzipien neu definiert (Ökologie, Demokratie, Rechtsstaatlichkeit, gesellschaftliche Solidarität), der europäischen Exekutive direkte Volkssouveränität verleiht, die Rolle des Parlaments stärkt und ein politisches Pendant zur Unabhängigkeit der Europäischen Zentralbank schafft. Auch dieses Projekt muss per Wahl verabschiedet werden.

Damit eine solche politische Union vollendet werden kann, muss das europäische Projekt anders vertreten und verteidigt werden. Es mit der Erinnerung an vergangene Tragödien zu begründen, die sich nicht wiederholen dürfen, funktioniert nicht mehr. Die EU muss sich heute aus den bevorstehenden und sich bereits ereignenden Tragödien legitimieren, die es aufzuhalten gilt. Die politische Ökologie gibt der EU, was sie auch dem Staat und der Politik im Allgemeinen verleiht: einen Sinn. Den Klimawandel ernst zu nehmen verlangt auch, Europa ernst zu nehmen, denn es ist, wie Bruno Latour sagt, die »richtige Ebene«, um dieser Bedrohung zu begegnen.

In Zukunft wird es unmöglich sein, von Ökologie zu sprechen, ohne von Europa zu sprechen – und umgekehrt.

5 Steuern verkörpern die Ziele, die ein Staat sich setzt. Ein Fiskalpakt muss den neuen Gesellschaftsvertrag begleiten und übersetzen. Sein Ziel ist die Schaffung einer ökologischen und solidarischen Gesellschaft.

Im März 2011 veröffentlichte ein vielversprechender junger Absolvent der ENA einen brillanten Text in der Zeitschrift *Esprit*. Darin lehnte er den Präsidentialismus der Fünften Republik ab und verteidigte die Sozialdemokratie. Dann befasste er sich mit der Steuerfrage und demontierte Schritt für Schritt das von der Rechten unablässig vorgetragene Argument des »Pragmatismus«, das Steuersenkungen für die Reichsten rechtfertigen will: »Das Steuerwesen ist ein ideologisches Thema im eigentlichen und edlen Sinn des Wortes – und muss es auch sein. Es kann nicht auf eine technische Debatte reduziert werden, auch wenn das intellektuell Freude bereiten mag. Zu wissen, ob man das Risiko eingehen muss, hohe Vermögen zu besteuern, die vielleicht außer Landes gebracht werden könnten, läuft auf die Frage hinaus, ob das Ziel des Steuersystems der Erhalt der Wettbewerbsfähigkeit des Landes ist, dessen Attraktivität für Investoren und Vermögende, oder ob es eine Umverteilung sicherstellen und einen tatsächlichen republikanischen Pakt darstellen soll, in dem die Reichen mehr zahlen und Besitz besteuert wird, weil die Zugehörigkeit zum Gesellschaftsvertrag und zum

Kollektiv es rechtfertigt. Aus der Steuerdebatte eine rein technische Debatte, eine rein rationale und mathematische Analyse zu machen, bedeutet bereits ideologisch Position zu ergreifen mit der Entscheidung, Steuern seien nicht politisch und hätten nichts mit dem Gesellschaftsvertrag zu tun.«

Der Name unter dem Text mag heute überraschen: Emmanuel Macron. Unser heutiger Präsident plädierte hier für gesellschaftlichen Dialog, Parlamentarismus, das Recht auf Wohnraum (»allen eine würdige Unterbringung garantieren und den freien Immobilienmarkt regulieren«) und für eine Fiskalpolitik, die großteils auf Umverteilung setzt. An diesem Punkt seines Lebens wollte er sich im Umkreis des Präsidentschaftskandidaten François Hollande etablieren, was den sozialdemokratischen, gar sozialistischen Tenor erklären mag. Seine proaktive Kritik dessen, was er sechs Jahre später tun würde, war jedenfalls perfekt. 2011 wies Macron die Argumente zurück, mit denen er 2017 seine plötzlichen Reformen begründete (»das Theater der Entscheidungsfindung kann nur Ausdruck eines Wahlprogramms sein, das später vertikal angewendet wird«), genau wie seine reichenfreundliche Steuerpolitik (»Pragmatismus« sei nur eine versteckte Ideologie der »Wettbewerbsfähigkeit«, die in einer Republik nicht das Ziel von Steuern sein könne).

Der Macron von früher hatte recht: Das Steuerwesen ist eine ideologische Angelegenheit. Die Steuer verkörpert die politische »Hand« Machiavellis und erlaubt »die faktische Umsetzung des republikanischen Pakts«. Oder kann diesen ziemlich zurechtstutzen. Folgen wir also dem jungen Universitätsabsolventen und stellen wir hinsichtlich der Steuern »die Frage nach den Zielen«: Wenn das Ziel der Politik darin besteht, eine ökologische und solidarische Gesellschaft zu organisieren, wird sich das in der Steuerpolitik ausdrücken, denn sie ist viel konkreter als ein oder zwei Sätze über die Umwelt in der Verfassung. Der Fiskalpakt beweist »faktisch« den gemeinsamen Willen, die Ziele des Gesellschaftsvertrags umzusetzen.

Anreize zur Umsetzung der ökologischen Wende schafft der Staat durch tatsächliche Preise für Produkte, also unter Berücksichtigung der mit Produktion, Güterverteilung und Konsum verbundenen Kosten für die Umwelt. Unser kapitalistisch-technizistisches System ist in einer Zeit entstanden, in der man glaubte, natürliche Rohstoffe seien unbegrenzt vorhanden. Heute glaubt das niemand mehr. Und doch folgen wir immer noch der alten Logik. Der Fiskalpakt muss hier einen Ausweg gangbar machen.

Tomaten, bei deren Anbau viele Pflanzenschutzmittel eingesetzt wurden, haben viel Erdöl verbraucht sowie Boden und Grundwasser verschmutzt, bis sie auf unseren Tellern landen. Der Preis der Tomaten im Supermarkt spiegelt diese Kosten nicht wieder, aber die Gesellschaft nimmt sie dennoch in Kauf – vom Wasserverbrauch bis hin zu den durch Pestizide entstehenden gesundheitlichen Problemen. Diese indirekten Kosten, die die Bürger tragen und nicht die Konsumenten, werden von Ökonomen als »externe negative Effekte« bezeichnet. Es ist von entscheidender Bedeutung, sie zunehmend in den Preis der Güter einzubeziehen.

Es geht hier um eine Ausdehnung der CO_2-Steuer, die 2014 geschaffen wurde und seither auf fossile Brennstoffe, Gas und Kohle erhoben wird. Diese Steuer bringt dem französischen Staat bereits viele Milliarden Euro jährlich ein. Ihre Ausdehnung würde mehr Geld einbringen, das gemäß dem Fiskalpakt in die ökologische Wende investiert werden müsste – wovon wir heute weit entfernt sind. Kévin Puisieux von der Fondation pour la Nature et l'Homme zufolge sind »von den 9 oder 10 Milliarden Euro, die im Jahr 2018 mit der CO_2-Steuer eingenommen wurden, 1,8 Milliarden für erneuerbare Energien gedacht. Darüber hinaus gibt es keine Investitionen in die ökologische Wende. Drei Milliarden werden für Wettbewerb und Arbeitsplätze ausgegeben, und der Rest geht in den allgemeinen Haushalt über, in den die Aufhebung der Vermögenssteuer 2018 ein Loch von vier Milliarden Euro gerissen hat. Versetzen Sie sich in die Lage Ihrer Mitbürger, die das Gefühl haben, eine Kasse füllen zu müssen, die zum Vorteil der wohlhabendsten Haushalte geleert wurde. Das ist weder logisch noch nachvollziehbar! Und es untergräbt die Legitimität der CO_2-Steuer, die nicht dazu dienen sollte, die Löcher in einem schlecht geplanten Haushalt zu stopfen!« Wenn die Verbraucher den Großteil der Kosten der Energiewende tragen, werden sie zwar in die Verantwortung genommen, doch gleichzeitig entstehen große gesellschaftliche Ungerechtigkeiten. Die Preissteigerung der Produkte trifft arme Haushalte eher als wohlhabende. Die CO_2-Steuer wirkt sich auf Bewohner ländlicher Gebiete, die auf ihre Autos angewiesen sind, eher aus als auf die Einwohner von Großstädten, die öffentliche Verkehrsmittel benutzen können. Die Steuern müssen deshalb auch einen Ausgleich schaffen und jenen helfen, die Unterstützung brauchen. Die Energiewende ist unumgänglich, aber sie muss sozial gerecht und annehmbar gestaltet werden. Vor allem müssen die großen Unternehmen – also die größten Umweltverschmutzer – zuerst zur Kasse gebeten werden.

Ein solches grünes Steuersystem ist letztlich für die europäische Ebene gedacht. In seiner Rede an der Sorbonne sprach Macron von einem europäischen Umweltschutz. Er schlug eine CO_2-Steuer zwischen 25 und 30 Euro pro Tonne vor, die an den Außengrenzen der EU auf Importe aus umweltschädlichen Industrien erhoben werden solle. Die Idee ist hervorragend und hinterfragt das Dogma des Freihandels. Bestimmte internationale Verträge müssten beendet werden. Der Präsident hütet sich natürlich, das zu tun.

»Die Kontrolle wieder zu erlangen«, um gegen den Klimawandel zu kämpfen, würde auch die Ablehnung des Handelsabkommens zwischen der EU und Kanada (CETA) bedeuten. Verträge dieser Art senken nicht nur die Zölle, um die Handelsbeziehungen zu intensivieren, sondern richten sich auch gegen »andere Handelshemmnisse« wie unterschiedliche Normen und Standards oder Gesetze, die den Unternehmen schaden könnten. Dazu gehören Umweltregularien, soziale Rechte und Verbraucherschutz. Die Fähigkeit unserer demokratischen Institutionen, frei über politische Maßnahmen zu entscheiden, die das Gemeinwohl betreffen, wird mit solchen Verträgen beschnitten, und zwar genau in dem Moment, in dem wir sie stärken wollen und müssen. Es ist Zeit, unsere Ziele wieder in einen Gesamtzusammenhang einzuordnen.

Es ist auch und vor allem Zeit, gesellschaftliche Entscheidungen zu akzeptieren, wenn sie einmal getroffen sind. Jeder Fiskalpakt muss von einem radikalen Kampf gegen Steuerflucht begleitet werden, das ist eine Grundvoraussetzung für alles andere. LuxLeaks, SwissLeaks, Panama Papers ... In den letzten Jahren wurden in immer kürzeren Abständen Steuerskandale aufgedeckt. Die öffentliche Reaktion fiel schwach aus. Dem Ökonomen Gabriel Zucman zufolge werden derzeit 7900 Milliarden Euro in Steuerparadiesen versteckt. Auf die gesamte EU bezogen werden dort elf Prozent der Vermögensmasse gebunkert. Die auf Unternehmen bezogenen Zahlen sind direkt schwindelerregend: »Über die Hälfte aller Gewinne US-amerikanischer Firmen, die außerhalb der USA erzielt wurden, sind heute in Ländern ohne oder mit sehr geringen Steuern registriert.«[21]

Steuerflucht stellt den Gesellschaftsvertrag als solchen infrage. Warum sollte man der Erhebung von Steuern zustimmen, wenn Firmen und Einzelpersonen, die dazu in der Lage sind, sich daran nicht beteiligen? Wie kann man die Menschen an das republikanische Projekt binden, wenn die politische Führung das Unterlaufen ebenjener Autorität ermöglicht, die sie nur durch die Bürger erhält? Es ist doch schockierend, dass ein Finanzplatz wie Luxemburg mit 500 000 Einwohnern den von 500 000 000 Europäern beschlossenen Normen ihren Sinn rauben darf. In symbolischer Hinsicht ist es fatal, dass der ehemalige Finanzminister dieses Steuerparadieses zum Chef der Europäischen Kommission ernannt wurde. Gibt es ein besseres Argument für die Gegner der EU und der liberalen Demokratie?

Noch einmal: Es fehlt die Ernsthaftigkeit. Um der Politik in dieser Frage – wie in allen anderen – wieder Sinn und Einfluss zu verleihen, müssen klare Schnitte gemacht und unvermeidliche Konflikte ausgefochten werden. Die Zeit der in irgendwelchen Hinterzimmern verabredeten Kompromisse ist vorbei.

Die hier skizzierten Punkte markieren einen politischen Horizont – kein Regierungsprogramm. Das Grundeinkommen wird nicht einfach vom Himmel fallen. Der Staat entwickelt sich in Etappen, und diese Etappen werden Gegenstand staatsbürgerlicher Debatten sein; etwa: Setzt man zunächst das Alter oder soziale Aspekte als Kriterium für die Vergabe fest? Oder sollen wir mit einem Kriterium der Sinnhaftigkeit beginnen und das Einkommen zunächst den Menschen auszahlen, die von der ökologischen Wende betroffen sind, ehe wir es auf alle ausdehnen? Genauso ist auch die europäische Republik ein Leitgedanke, kein Wahlversprechen. Sie soll unseren Schritten eine Richtung geben, ohne unmittelbar in eine konkrete Zukunft zu münden. In ähnlicher Weise müsste die Einführung realer Preise für die Produkte Schritt für Schritt geschehen. Mit all diesen Punkten müssen wir uns beschäftigen. Indem wir sie zunächst formulieren, hören wir mit den Rückschritten auf und bewegen uns – vielleicht – vorwärts.

Demokratischer Politik mangelt es an systemischem Ehrgeiz. Das erzeugt einen allgemeinen Eindruck von Inkohärenz und Leere. Autoritäre Staatschefs wie Wladimir Putin, die sich keine Gedanken um Wahlen machen müssen, können in Zeiträumen von 20, 30 oder 40 Jahren denken. Das Gleiche gilt für große Konzerne wie Exxon. Sind wir also auf Visionen beschränkt, die sich nur über vier oder fünf Jahre erstrecken können? Die Dringlichkeit und Unmittelbarkeit der Krise fordern paradoxerweise, zu einem Denken in großen Zeiträumen zurückzukehren. Der Entwurf eines neuen Gesellschaftsvertrags bringt unsere Gedanken und Ziele in Stellung. Jetzt müssen wir uns endlich in Bewegung setzen.

SIND WIR DAZU FÄHIG?

Wir sind die Kinder der Leere.
Wir wissen, dass die Gesellschaft der Einsamkeit, in die wir hineingeboren wurden, nicht von Dauer ist.
Wir wissen, dass die alten Ideologien, Parteien und Strukturen uns nicht helfen, die Krise zu überwinden.
Wir wissen, dass der Schwindel, der uns im Angesicht der ökologischen Katastrophe erfasst, die Voraussetzung unserer künftigen Rettung ist.
Wir wissen, dass die bevorstehende Abenddämmerung das Versprechen eines neuen Morgens birgt – wenn wir es wagen, uns ihr zu stellen.
Wir wissen, wohin wir gehen müssen und wie wir dorthin kommen.
Wir wissen, welche Ziele wir uns setzen müssen und wie sie zu erreichen sind.
Wir wissen, was wir tun müssen.
Wir sind dazu fähig.

DANK

An meinen Verleger Guillaume Allary für das intellektuelle und freundschaftliche Ping-Pong, das nicht enden will.
An das Team von Allary Éditions.
An Pierre Natnaël Bussière für seine wertvolle Hilfe.
An die Redaktion des Nouveau Magazine Littéraire für das tiefgründige und freudige Abenteuer.
An die gesamte Donnerstagabend-Gruppe – in begeisterter Erwartung der Fortsetzung.
An meine Söhne Alexandre und Gabriel, die mein Büro mit Freude erfüllt haben.
An Fanfan. Und an Glucks – nochmals und immer wieder.

ANMERKUNGEN

1 Michel Lussault, L'Avènement du monde, Paris 2013.
2 Yascha Mounk, Der Zerfall der Demokratie. Wie der Populismus den Rechtsstaat bedroht, München 2018, S. 125.
3 Eva Illouz u. Edgar Cabanas, Happycratie. Comment l'industrie du bonheur a pris le contrôle de nos vies, Paris 2018.
4 Thomas Porcher, Traité d'économie hérétique. En finir avec le discours dominant, Paris 2018.
5 Janet Lowe, Hier spricht Warren Buffett. Weisheiten vom erfolgreichsten Investor der Welt, Kulmbach 2010.
6 Der Zerfall der Demokratie, S. 267.
7 Pierre France u. A. Vauchez, Sphère publique, intérêts privés, Paris 2017.
8 Raphaël Glucksmann, Génération Gueule de bois. Manuel de lutte contre les réacs, Paris 2015.
9 Niccolò Machiavelli, Discorsi. Gedanken über Politik und Staatsführung, Stuttgart 2007, III, 1, S. 287.
10 Titus Livius, Römische Geschichte, Bd. I, Braunschweig 1821, Kap. IX, S. 59.
11 Machiavelli, Discorsi, III, S. 291.
12 Bericht der Défenseurs des droits (Rechtsverteidiger), 2017.
13 Discorsi, II, S. 178.
14 »[D]ie Schaffung staatlichen Reichtums und die Erhaltung der Bürger in Armut«, Discorsi, II, S. 234.
15 Discorsi III, S. 284.
16 Ebd., S. 286.
17 Pierre Mendès France, Frankreich morgen. Vorschläge, Neuwied 1963.
18 Dominique Rousseau, Radicaliser la démocratie, Paris 2015.
19 Das Wort tauchte erstmals 1921 in dem Theaterstück Rossumovi Univerzální Roboti von Karel Čapek auf. (Im Deutschen bekannt unter dem englischen Titel Rossum's Universal Robots)
20 Julia Cagé, Rettet die Medien. Wie wir die vierte Gewalt gegen den Kapitalismus verteidigen, München 2016.
21 Gabriel Zucman, Steueroasen. Wo der Wohlstand der Nationen versteckt wird, Berlin 2014.

BIBLIOGRAFIE

Wo es deutsche Übersetzungen der verwendeten Literatur gibt, werden diese in der Bibliografie statt der französischen Werke angegeben.

Blondiaux, Loïc, *Le Nouvel Esprit de la démocratie. Actualité de la démocratie participative*, Paris 2008.

Bourg, Dominique, *Une nouvelle terre*, Paris 2018.

Bregman, Rutger, *Utopien für Realisten*, übers. v. Stephan Gebauer, Reinbek 2017.

Cabanas, Edgar u. Eva Illouz, *Happycratie. Comment l'industrie du bonheur a pris le contrôle de nos vies*, Paris 2018.

Cagé, Julia, *Rettet die Medien. Wie wir die vierte Gewalt gegen den Kapitalismus verteidigen*, übers. v. Stefan Lorenzer, München 2016.

Clastres, Pierre, *Staatsfeinde. Studien zur politischen Anthropologie*, übers. v. Eva Moldenhauer, Frankfurt a. M. 1976.

France, Pierre u. Antoine Vauchez, *Sphère publique, intérêts privés. Enquête sur un grand brouillage*, Paris 2017.

Friedman, Milton, *Essays in Positive Economics*, Chicago 1953.

Glucksmann, Raphaël, *Génération Gueule de bois. Manuel de lutte contre les réacs*, Paris 2015.

Hegel, Georg Wilhelm Friedrich, *Grundlinien der Philosophie des Rechts*, Hamburg 2018.

Klein, Naomi, *Die Entscheidung. Kapitalismus vs. Klima*, übers. v. Christa Prummer-Lehmair, Sonja Schumacher u. Gabriele Gockel, F. a. M. 2016.

Klein, Naomi, *Die Schock-Strategie. Der Aufstieg des Katastrophen-Kapitalismus*, übers. v. Michael Bischoff, Hartmut Schickert u. Karl Heinz Siber, Frankfurt a. M. 2009.

Latour, Bruno, *Das terrestrische Manifest*, übers. v. Bernd Schwibs, Berlin 2018.

Livius, Titus, *Römische Geschichte*, Bd. I, übers. v. Konrad Heusinger, Braunschweig 1821.

Lowe, Janet, *Hier spricht Warren Buffett. Weisheiten vom erfolgreichsten Investor der Welt*, übers. v. Egbert Neumüller, Kulmbach 2010.

Lussault, Michel, *L'Avènement du monde*, Paris 2013.

Machiavelli, Niccolò, *Discorsi. Gedanken über Politik und Staatsführung*, übers., hg. und eingel. v. Rudolf Zorn, 3. Aufl., m. e. Geleitwort von Herfried Münkler, Stuttgart 2007.

Mendès France, Pierre, *Frankreich morgen. Vorschläge*, übers. v. Alexander von Platen, Neuwied 1963.

Mouffe, Chantal, *L'Illusion du consensus*, Paris 2016.

Mounk, Yascha, *Der Zerfall der Demokratie. Wie der Populismus den Rechtstaat bedroht*, übers. v. Bernhard Jendricke, München 2018.

Piketty, Thomas, *Rapport sur les inégalités mondiales*, Paris 2018.

Platon, *Menon*, in: Ders., *Sämtliche Werke*, übers. v. Friedrich Schleiermacher, Bd. 1, S. 457-503.

Platon, *Phaidon*, in: Ders., *Sämtliche Werke*, übers. v. Friedrich Schleiermacher, Bd. 2, S. 103-184.

Porcher, Thomas, *Traité d'économie hérétique*, Paris 2018.

Rosanvallon, Pierre, *Die Gegen-Demokratie. Politik im Zeitalter des Misstrauens*, übers. v. Michael Halfbrodt, Hamburg 2017.

Rousseau, Dominique, *Radicaliser la démocratie*, Paris 2015.

Spinoza, Baruch de, *Abhandlung über Politik*, übers. v. Berthold Auerbach, Stuttgart 1841.

Swaton, Sophie, *Pour un revenu de transition écologique*, Paris 2018.

Tocqueville, Alexis de, *Über die Demokratie in Amerika*, ausgew. u. hg. von J. P. Mayer, Stuttgart 1985.

Zucman, Gabriel, *Steueroasen. Wo der Wohlstand der Nationen versteckt wird*, übers. v. Ulrike Bischoff, Berlin 2014.

RAPHAËL GLUCKSMANN, 1979 in Paris geboren, ist Essayist und der Regisseur verschiedener Dokumentarfilme, darunter »Orange: A European Revolution« und »Kill them all!« über den Völkermord in Ruanda. Er gilt als eine der einflussreichen jungen Stimmen im politischen Diskurs in Frankreich und ist einer der Mitbegründer der Ende 2018 entstandenen proeuropäischen und ökologischen Bewegung Place Publique. Sein Buch *Die Politik sind wir!* wurde in Frankreich direkt nach Erscheinen zum Nr.-1-Bestseller. Glucksmann lebt und arbeitet in Paris – und kandidiert bei der Europawahl 2019.

STEPHANIE SINGH, Jahrgang 1975, ist die Übersetzerin von u. a. Elisabeth Badinter, Michel Onfray, Stephane Courtois, Yves Grevet, James Patterson.